第4版

テキスト 法 学

中西俊二 ［著］

大学教育出版

改訂第 4 版にあたって

　平成29年6月2日民法債権法の改正が公布され、公布の日から3年以内に施行されることとなりました。
　また、女性の再婚禁止期間をそれまでの6か月から100日に短縮する民法の一部を改正する法律が成立し、平成28年6月7日に公布・施行されました。
　さらに自動車運転による人身致死傷等は、従来は刑法211条の業務上過失致死傷罪で処断されてきましたが、平成25年11月27日「自動車の運転により人を死傷させる行為等の処罰に関する法律」が公布され、平成26年5月20日から施行されています。
　日本国憲法においても、21条1項表現の自由に関して新たに取材源秘匿の自由を認める最高裁判例が現れています。
　以上のような法的状況の変化に対応するため、今回の改訂に当たっては必要最小限の訂正を行いました。本書がよりアップトゥデイトな教科書として読まれることを祈念して改訂第4版のはしがきと致します。

　平成30年如月

　　　　　　　　　　　　　　　　　　　　　　　　　　　　著　者

　　　　　　　　は　し　が　き

　本書は、私の勤務する大学の「法学」の講義のためのテキストとして上梓するものである。法学について一般的理解が初学者にも身につくように配慮したつもりである。したがって、本書の対象は、初学者を中心においており、法学部の学生のみならず、理系の学生や教養として法学を学ぼうとする社会人にも受け入れられるように解説している。法律用語の説明や、重要な箇所についての図示化はその表れである。初学者の理解を助けるための工夫を施したつもりである。本来、法学の勉強は六法全書を片手に常に条文を引きながら行うのが常識とされてきた。それは、今でも真実であるが、法学部以外の学生や社会人の中には、なかなか六法全書まで引いて本格的に勉強することを敬遠する傾向があると思われる。そこで、本書では、解説の事項については、必ず条文を記載していちいち六法を引く手間を省く工夫を施した。やや過保護気味ではあるが、初めて法学を学ぼうとする人の意欲を減退させるよりは、勉学意欲を高めるための基本的配慮を重視するように心がけた。
　本書で取り上げた法分野は、「法とは何か」という観点から「法と法の解釈」、そして基本三法といわれる「憲法」、「民法」、「刑法」である。法学入門書というと、多数の法領域について「広く浅く」解説するのが一般的であるし、それはそれなりに意義のあることは確かである。しかし、本書は、あえて比較的「狭く深く」を目標にしている。それは、読者が法学に興味をもち、少しでも面白いと感じるためには、法学一般の理解を基礎にして、対象を憲法・民法・刑法に絞り、各法分野の重要項目を取り上げ、やや深くしっかりと勉強することが大事であると考えたからである。本書では、法学一般に１章、憲法に４章、民法に５章、刑法に４章を当てている。基本三法は、その名の通り、法律学を学ぶ最も基本となる法律であり、私たち市民に最も身近な法である。これらの法について基本的知識と理解を有していることは、社会生活をおくる上で生じるさまざまな問題を解決する糸口を与えてくれるものと確信している。
　よく一般に法学の勉強は無味乾燥といわれる。確かにそういう面もないでは

ない。しかし、具体的事例に触れると法学は決して無味乾燥ではなく、具体的事件の解決に生きて働く力を与えてくれる論理的で味わいのある学問であることがわかる。そのことが肌で感じられるように、具体的事例として判例を各法分野で極力取り上げて解説を施した。また、各章末および巻末に各章の理解を確認するための択一問題を配置している。自己の理解度と復習に役立てて頂ければと考えている。

「深さは広さに通ずるが、広さは深さには通じない」これは、わたしが指導を受けた恩師の言葉である。本書が読者諸氏のさらなる法学への勉強の誘いとなれば幸甚である。

2010年1月

著 者

改訂にあたって

このたび、改訂の機会を得たことを幸いに、内容的には特に変更はないが、誤字・脱字、一部落丁等の補正を行った。読者諸賢に今後とも末永くご愛読いただければと希望している。

2013年2月

著 者

第3版にあたって

平成25年9月4日最高裁は従来の判例を変更して、婚外子の法定相続分規定は憲法14条の「法の下の平等」に反するとの大法廷決定を行った。こうした新しい最高裁の判断をこの度の改訂の機会に盛り込んだ。その他の内容に大きな変更はないが、読者諸賢の法学の研究に少しでも寄与できれば幸いである。

2015年 初春

著 者

テキスト法　学［第4版］

目　次

改訂第4版にあたって ………………………………………………………… i
はしがき ……………………………………………………………………… ii
改訂にあたって ……………………………………………………………… iii
第3版にあたって …………………………………………………………… iii

第1章　法と法の適用 …………………………………………………… 1
　1．法とは何か ……………………………………………………………… 1
　2．法の適用 ………………………………………………………………… 7
　3．法の解釈 ………………………………………………………………… 11

第2章　新しい人権──幸福追求と法── …………………………… 18
　1．幸福追求権 ……………………………………………………………… 18
　2．新しい人権 ……………………………………………………………… 19

第3章　法の下の平等──「法の下の平等」の意義と合理的な差別── ………… 26
　1．意義 ……………………………………………………………………… 26
　2．合理的差別 ……………………………………………………………… 27
　3．二重の基準（double standard） …………………………………… 27
　4．法の下の平等の意味 …………………………………………………… 29
　5．判例 ……………………………………………………………………… 31

第4章　思想・良心の自由／信教の自由／学問の自由 ……………… 38
　1．思想・良心の自由 ……………………………………………………… 38
　2．信教の自由 ……………………………………………………………… 44
　3．学問の自由 ……………………………………………………………… 47

第5章　表現の自由 ……………………………………………………… 55
　1．表現の自由 ……………………………………………………………… 55
　2．表現の自由と知る権利 ………………………………………………… 56
　3．報道の自由──表現の自由の保障── ……………………………… 57
　4．取材の自由 ……………………………………………………………… 57

5．検閲 ……………………………………………………………………………… *61*
　6．「明白かつ現在の危険（clear and present danger）」の基準 ………… *61*
　7．判例 ……………………………………………………………………………… *62*
　8．性表現と名誉毀損的表現 …………………………………………………… *67*

第6章　民法の原理 ……………………………………………………………… *72*
　1．日本民法典の沿革 …………………………………………………………… *72*
　2．民法（財産法）の基本原理 ………………………………………………… *73*
　3．信義則（民法1条2項）と権利濫用の禁止（民法1条3項）………… *80*

第7章　物権と債権 ……………………………………………………………… *86*
　1．財産権 ………………………………………………………………………… *86*
　2．債権法 ──債権不履行── ………………………………………………… *91*
　3．強制履行の方法 ……………………………………………………………… *95*

第8章　債権の対外的効力 ……………………………………………………… *103*
　1．債権の発生原因 ……………………………………………………………… *103*
　2．債権の対外的効力［責任財産の保全］…………………………………… *107*

第9章　行為能力と意思表示 …………………………………………………… *118*
　1．制限行為能力者（民4〜20条）…………………………………………… *118*
　2．意思表示 ……………………………………………………………………… *120*
　3．不法行為 ……………………………………………………………………… *125*

第10章　親族・相続 ……………………………………………………………… *136*
　1．婚姻 …………………………………………………………………………… *136*
　2．離婚 …………………………………………………………………………… *146*
　3．親子 …………………………………………………………………………… *152*
　4．親族と扶養 …………………………………………………………………… *154*
　5．相続 …………………………………………………………………………… *156*
　6．家族法改正に関する法制審議会答申（1996年2月26日）…………… *160*

第11章　刑法の基礎理論　164
1．刑法　164
2．罪刑法定主義　168
3．法益保護の原則——刑法の任務——　172
4．責任主義　175
5．犯罪の成立要件　175
6．故意　178
7．犯罪の終了と法益　178
8．因果関係　179

第12章　不作為犯・錯誤・正当防衛　184
1．不作為犯　184
2．事実の錯誤　188
3．正当防衛と緊急避難　191

第13章　過剰防衛・過剰避難・責任阻却事由　199
1．過剰防衛・過剰避難　199
2．誤想防衛・誤想過剰防衛と誤想避難・誤想過剰避難　204
3．責任阻却事由　208
4．未遂犯と不能犯　212
5．幻覚犯と主体の不能　216

第14章　共犯と間接正犯　218
1．共犯　218
2．共犯の独立性と従属性　220
3．間接正犯　224
4．罪名の従属性　225
5．共同正犯　227
6．共犯と中止および離脱　230

参考文献　234
あとがき　236
択一問題（提出用）

テキスト法　学［第4版］

第1章
法と法の適用

1. 法とは何か

（1）法とは何かを考える

　法とは一種の「きまり」である。法とは何かを考えるにあたって、「法の目標とは何か」という視点から「法」を捉えることが有益であろう。その際、ドイツのローマ法学者イェーリングが著した「権利のための闘争」（資料１）が参考になるであろう。

　あらためて「法の目標は何か」、一言で言えば、法の究極の目標は、人類の平和と幸福である。すなわち、万人共通の共存共栄のための利益を守ることである。それは、「公共の福祉」と換言することもできるであろう。

　次に法をさらに具体的に捉えるために法の内容について言及することにしよう。

（2）法の内容

1）正義（$δικη$）

　　社会一般の規範であり価値である。正義は、「等しきものは等しく、不等なるものは不等に」あつかうことを要求する。ギリシャの哲学者プラトン（BC427-347）は、正義を「徳（$αρετη$）」の一種と考えた。

2) 社会的秩序

　　人間は、一人では生きてゆけず、他人と共同して生活を営む性質をもっている。そのことは、アリストテレスの「人間は社会的動物である」という言葉に象徴されている。その社会的動物である人間が、戦争や闘争により滅亡することを防ぐことを目的として、人間という生物種の繁栄のために創出した制度的工夫が人工的な「社会的秩序」というものである。

3) 強制力

　　「法」を守らない者を守るようにしむける「力」

　　［正義の女神（$\theta\varepsilon\mu\iota s$, Justitia)］：正義の女神像は、目隠しをした女性が右手に剣を左手に天秤を持つ。

　　剣は法の実力による貫徹すなわち強制力を意味し、天秤は法の公正・公平を表し、目隠しは先入観や私的関係からの絶縁を象徴している。正義は、本来法や裁判のあるべき内容であると同時に法や裁判の目指す理想でもある。

(3) 法と道徳との関係

ドイツの法学者クリスティアン・トマジウス（1655～1728）は両者の関係を次のように定義した。法は正義を目的として人の外面性を規律し、道徳は善を目的として人の内面を規律する。すなわち、法は社会的正義を目的とする外面的規準であり、道徳は人の行うべき行為である善を目的とする内面的規準である。

1) 法・道徳合一論

　　法と道徳を同一物とみなし、両者の完全な一致を認める説。ヘーゲル、マルクス、コーエン等がこの立場である。

2) 法・道徳峻別論

　　法と道徳はまったく別個のものであるとする説。

　　（例）川で溺れている子供に気づきながら救助しない散歩人。道徳的には非難されるべき行為であるが、法的には殺人罪等の刑事責任が生じるわけではない。トマジウス、カント、オースチン、イェーリング、ケ

ルゼン、シュタムラー等。
3) 法・道徳牽連論
　法と道徳を区別しながら、なお両者に相関性を認めようとする説。ベンサム・コーラー・ラートブルフ等が唱えた。法は道徳の最低限と解する立場もこの牽連論の一つである。
　次に、「何を基準として法と道徳を区別するか」が問題となる。そこで、主張されたのが、以下に挙げる強制説である。
　法を道徳から区別する最後の標準は強制の契機をおいて他にない（今日の通説、イェーリング、ケルゼン）。すなわち、強制力を有するものが「法」であり、強制力を有しないのが、「道徳」であるとする。イェーリング（Rudolf von Jhering, 1818〜1892）は、「強制を欠く法というものは、自己矛盾であり、それは燃えない火、照らない灯火というのに等しい」と述べて、法の持つ強制力を重視した。
4)「カルネアデスの板」
　法と道徳の関係を考えさせる好個の問題が「カルネアデスの板」という有名な問題である。これは、ギリシアの哲学者カルネアデス（Carneades）が出題したものと言われている。その内容は次のようなものである。一隻の船が難破し乗組員全員が海に投げ出された。そこへ一人の人がすがるのがやっとという大きさの一枚の板（舟板）が流れてきた。一人の男が命からがらその板につかまったところ、すぐ別の男がその板にすがりついてきた。二人の男が同時にその板につかまれば、その板は人間の重みで沈んでしまい、二人とも命は助からない。そこで、先にその板につかまった船員の男が、後からその板につかまってきた船員の男を突き飛ばした。その結果、後からつかまりにきた船員は水死した。先に板につかまり、後から来た男を突き飛ばして水死させた男は、殺人罪になるか。これは、刑法的には緊急避難の問題であり、現代の日本刑法では、違法性がなく殺人罪は成立しない。しかし、同じ仲間の船員を死なせ、自分だけが生き残ったことは、緊急的事態であっても道徳的には非難されるべきであろう。後から板につかまりにきた船員がまだ若い男であった場合はなおさらである。刑事

的非難はできなくても、道徳的非難は可能である。

* ［ミニョネット号事件］：この設例と同様な事件が1884年に現実に起こった。イギリス船籍のミニョネット（Mignette）号が、イギリスからオーストラリアに向けて航行中、1884年5月喜望峰から1600マイル離れた公海上で難破し、乗組員の内の5人がボートに乗り漂流していた。しかし、食料は全くなく、そのままでは乗組員5人は全員餓死する他はなかった。そこで、一番身体の弱っていた一人の乗組員の男を殺害し、他の者はその人肉を食べて生き延びたという事件である。その後、残りの船員はドイツ船に救助され生還したが、母国イギリス検察当局は起訴した。イギリス高等法院は、緊急避難を認めることは法律と道徳を完全にかい離するもので、肯定することはできないとして、謀殺罪として死刑が宣告された。しかし、世論の多数は、無罪にするべきであるという意見であったので、当時の国家元首であったヴィクトリア女王から特赦を受け禁錮6月に減刑された。

（4）法の理念

法の目指す最高の概念である理念として、ドイツの法哲学者ラートブルフ（Radbruch, Gustav, 1878～1949）は、「正義」「合目的性」「法的安定性」の3つを挙げた。

1）正義（Gerechtigkeit）は大きく2種類に分かれると考えられている。配分的正義と平均的正義の2つである。

①配分的正義（austeilende Gerechtigkeit）とは、実質的平等をいう。すなわち、名誉・財産・その他国民に分けられる配分が、それぞれの価値にふさわしく比例的に配分することをいう。端的には、「等しくないものは等しくないように扱う」ことを意味する。

②平均的正義（ausgleichende Gerechtigkeit）とは、形式的平等をいう。すなわち、当事者の能力・価値・人柄等を一切考慮することなく、すべて等しいとみなした上で、利害を過不足のないように調整する役目を果たす正義である。端的には、「等しいものは等しく扱う」ことを意味する。

2）合目的性（目的合理性）

法的安定性と具体的妥当性との矛盾を解決するために、対立関係にある私的利益と公的利益の調整が必要となる。その調整の原理が合目的性（法の目的合

理性）である。それは、すなわち、アリストテレスが最初に唱えたと言われる「公共の福祉（das gemeine Beste)」の原理であり、個人の立場を超えた社会全体（国家）の福祉を意味するものである。

3）法的安定性

人々が安心して、安全な生活をするためには、法的安定性を確保することが必要である。

（5）法の分類

1）自然法と実定法

　①［自然法］

　　自然ないし人間の本性を基礎として成立する法であり、普遍的かつ不変な法である。

　②［実定法］

　　特定の社会で実効的に行われている法をいう。制定法、慣習法等。ソクラテスは、「悪法も法なり」として実定法を尊重し、当時の法による裁判に従い毒杯を仰いで死亡した。

　＊［法実証主義］：実定法のみを法とする思想で自然法論と対立する考えである。

2）成文法（憲法・法律・命令・規則・条約・条例）と不文法（慣習法・判例法・条理）

　文書の形式で制定された法規範を成文法と呼び、文書の形式をとらない法規範を不文法という。

3）公法と私法

　①公法：国または地方公共団体とその構成員との間の統治関係を規律する法

　　（例）憲法、行政法、国家公務員法、刑法、刑事訴訟法、民事訴訟法

　②私法：個人間の私的生活関係を規律する法

　　（例）民法、商法、手形法、借地借家法

4）実体法と手続法

　①実体法：権利・義務の発生、変更、消滅といった法律関係そのものを定め

た法をいう。
　（例）民法、商法、借地借家法
　②手続法：実体法で定められた権利・義務を具体的に実施する手続や方法を定めた法で訴訟法とも呼ばれ、技術的性格を備えた法である。
　（例）民事訴訟法、民事執行法、刑事訴訟法、少年法

5）一般法と特別法
　①一般法：法の適用を受ける人、場所、事項等について広く一般に規定した法をいう。
　②特別法：特定の人、場所、事項等について規定した法をいう。
　（例）民法と商法（商人間の売買）、民法と借地借家法（賃貸借）、刑法と軽犯罪法・未成年者飲酒禁止法
　[区別する実益]：「特別法は一般法に優先する」すなわち、特別法は一般法に優先して適用される。

6）強行法と任意法
　①強行法：当事者の意思にかかわりなく適用される法をいう。
　　　これに違反すれば、その行為は違法であり、無効又は取消し得るか、制裁を受ける。
　②任意法：当事者の合意によって、その適用を排除することのできる法をいう。
　　　民法の債権法の分野は契約自由の原則が支配する結果、任意規定が多い。
　（例）強行法：民法の制限能力者制度、物権法、家族法、借地借家法、利息制限法
　（例）任意法：民法484条の弁済の場所—持参債務（特定物以外は、債権者の住所において債務者は弁済をしなければならない）が原則だが、当事者の特約で排除できる。

7）六法
これは、6つの重要な法典をいい、具体的には、基本的人権と国の仕組みを定める最高法規である憲法、個人財産と家族のルールを設定する民法、会社の仕組みを定める商法（会社法）、民事裁判の手続を規定する民事訴訟法、犯罪と

刑罰を法定する刑法、刑事裁判の手続を定める刑事訴訟法を意味する。ただし、これらの重要な法典だけでなく、その他の法律をも収録した法令集を六法と呼ぶ場合もある。いわゆる六法全書は、上に述べた6つの重要法典の他これらの法典に関連する法律・付属法規やその他の法令を編集して一つにまとめた法令集をいう。

2．法の適用

（1）意義
抽象的な法規範を個々の具体的な事実にあてはめ、法の内容を実現させることをいう。

（2）三段論法
法規範を大前提とし、事実問題を小前提として、事実問題を法規範にあてはめることによって、結論としての判断・判決を導く方法である。
　①法　規　範（大前提）：「Xという事実があれば、Yという効力が生ずる」
　②事実問題（小前提）：「当該A事件はXである」
　③判断・判決（結論）：「ゆえに、AにはYという効力が生ずる」

（3）法的安定性と具体的妥当性
1）近代法は、すべての人に平等な法の適用を強く要請する。すなわち、法適用の形式的画一性であり、それは法的安定性に寄与するものである。
　　（例）行為者が誰であれ、いかなる身分の者であれ、殺人罪（刑199条）が適用される。
2）法の適用において法的安定性が要請されれば、法の解釈においても法的安定性を確保することが要求される。その要請にかなった解釈は、法規のもつ国語的意味に忠実な文理解釈である。しかし、文理解釈は融通性に乏しく「杓子定規」的解釈に陥りがちである。
3）他方、法律は道徳その他の社会規範と共に、変容する社会生活における具

体的事件を妥当に規律することも使命としている。そこで、「杓子定規」的解釈よりも、具体的事件の情理にかなった解釈が要請されてくる。すなわち、人情の機微(きび)にかなった解釈が求められるのであり、「具体的妥当性」の追求が法解釈の重要な要素となってくるのである。

4）したがって、法解釈の最大の使命は、法的安定性と具体的妥当性の両立・調和を図ることであるということができる。ときには、法適用の結論が厳しすぎて、人情の機微に反することがある。裁判官は絶対に大前提たる法律を動かすことはできない。そこで、具体的妥当性に即した判決を得るためには、小前提たる事実を曲げるテクニックを用いる他ない。言い換えれば、血の通った裁判をするためには、法が厳しすぎれば、事実認定をごまかす他方法がないことになる。その例として、「八百屋お七」の物語と「モンストルムの法理」を挙げることができる。

① 「八百屋お七」物語

娘お七は、江戸時代天和の頃（1680年頃）、大火事で家が火災にあい避難先の駒込の寺で小姓の吉三郎と恋仲になった。しかし、やがてお七の家が再建され家業の八百屋も再開されることとなり、お七と吉三郎とは別れ別れとなった。しかし、吉三郎にどうしても会いたいと思案したお七は、火事になればまた吉三郎に再会できると考えて、自分の家に火をつけたところ、見る見るうちに火は燃え広がって大火事となってしまった。当時の法度では、火付けは火あぶりの極刑であった。捕縛されて奉行所のお白州(しらす)に連れて来られたお七の顔を見れば、まだあどけなさが残っている。火付けの動機も吉三郎にもう一度会いたいという娘心の一途さである。当時の法では、14歳までは責任無能力とされ火刑に処せられることはなかった。

南町奉行は、お七が15歳であることを知りながら、お七に「その方は何歳にあいなる」「未だ十四ではないか」「十四であろう」とたたみ掛けて尋ねたが、お七は「丙午(ひのえうま)でございます」と答え、証拠のお宮参りのお守りまでも差し出した。丙午といえばもう15歳。奉行は何とか小前提たる事実を1歳だけ若く曲げようとしたが、お七を救うことはできなかった。これは、具体的妥当性を追求しようとして不成功に終わった例である。

② 「モンストルム（Monstrum＝鬼子）の法理」
　　古代ローマの法では、人を殺したものは死刑と定めてあった。ある時、一人の女が手足のない身体障害児（モンストルム＝鬼子）を生んだ。母親は悲しみ、世間体を恥じてその子を川に投げ捨てて殺してしまった。母親は起訴された。本来ならば死刑である。裁判官はその母親の心中を察し、その気持ちを憐れんで何とか命を助けてやりたいと考え、次のような判決を下した。「ローマの法律は、人を殺した者は死刑に処する。けれども、モンストルムを殺した者は無罪である。なぜなら、モンストルム（鬼子）は人ではないからである。」これは、モンストルムは人ではないという事実の擬制をして、法の適用における小前提である事実を曲げてモンストルムであるわが子を殺した母親を救った例である。このローマの裁判官の事件に合った正義の追求すなわち具体的妥当性の追求を「モンストルムの法理」と呼んでいる。

③ 尊属殺と憲法14条1項：宇都宮地裁判決（昭44.5.29）——刑法200条*は憲法14条1項違反であるから刑法199条を適用し、過剰防衛と心神耗弱を認めて刑を免除した。

＊刑法200条（削除）「自己又は配偶者の直系尊属を殺した者は、死刑又は無期懲役に処す」

[事実] 被告人Xは、14歳の時に実父Yに姦淫され、以後10年以上夫婦同様の生活を強いられて5人もの子を産んだ。29歳になって、職場の同僚の青年と相思相愛となり結婚を考えるようになった。このことをYに話したところ激昂し、Xを自宅に監禁し脅迫虐待を加えた。Xは心身疲労の極に達し、この忌まわしい境遇から逃れようとYを絞殺した上、自首した。Xは尊属殺人罪で起訴された。最高裁は次のように判示して、普通殺人罪を適用し、被告人を懲役2年6月、執行猶予3年に付した。

[判旨] （最大判昭和48年4月4日）：「刑法200条は、尊属殺の法定刑を死刑または無期懲役刑のみに限っている点において、その立法目的達成の

ため必要な限度を遙かに超え、普通殺に関する刑法199条の法定刑に比し著しく不合理な差別的取扱いをするものと認められ、憲法14条1項に違反して無効であるとしなければならず、したがって、尊属殺にも刑法199条を適用するのほかはない。」

(4) 事実の推定と擬制

1)「推定する」

　法は事実関係の立証のわずらわしさを避け、あるいは、その困難さを考えて、周囲の事情や事物の道理などから、前もってある一定の事実の存在または不存在を認め、これに一定の法的効果を与えることがある。⇔ 反証をあげ、立証することにより推定を覆すことができる。

(例)「妻が婚姻中に懐胎した子は、夫の子と推定する」(民772条1項)、「婚姻の成立の日から二百日を経過した後又は婚姻の解消若しくは取消しの日から三百日以内に生れた子は、婚姻中に懐胎したものと推定する」(民772条2項)

2)「みなす」

　一種の事実の擬制である。法は、公益その他の理由から前もって事実の存在または不存在を法政策的に確定し、これに法的効果を絶対的に付与することがある。この場合は、反証を挙げてもその事実の擬制を覆すことができない。

(例)「胎児は損害賠償については、既に生れたものとみなす」(民721条)
「この章の罪については電気は財物とみなす」(刑245条)

(5) 概念法学と自由法学

1) 概念法学 (Begriffsjurisprudenz)

　法典は論理的に完結しており、「論理の計算」によってあらゆる法律問題の解決が可能であるとする。この立場は、法的安定性を重視するもので、

反面具体的妥当性に欠けるおそれがあった。裁判官は、法の運用にあたっては法規の論理操作にたずさわってさえおればよいとされ、裁判官は「法の自動販売機」ないし「法の蓄音器」と比喩的に表現された。
2) 自由法学（Freirechtslehre）
　実定法の完全性と自足性を信ずる形式論理的な概念法学の弊害を攻撃し、非制定法的な法源の存在を主張し、「生ける法の探究」と裁判官の法創造的機能（裁量権）を強調する。この立場は、法の欠缺を認めて、具体的な社会事実の中から自由かつ科学的に法を発見すべきであるとする。立法の目的や社会の具体的・現実的な状況に合った解釈が必要であると説く見解で、具体的妥当性を重視した。

3．法の解釈

一般的・抽象的定めである法規を具体的事件に適用して、妥当な結論を得るための法技術をいう。
1) 文理解釈
　法規を構成する文字や一連の文章の意味を重視し、法規のもつ国語的意味に忠実な解釈をしようとする方法をいう。
（例）「この橋、車馬の通行を禁ずる」—「車」と「馬」以外のものは通行してもよいと解釈する。
2) 論理解釈
　法文の字句にとらわれず、法の論理的体系、全法秩序の論理的関連および立法の精神・沿革なども考慮して、法規を論理的法則に従って解釈することをいう。
①拡張解釈：法文の文字や文章を普通の文理解釈をしたのでは、意味が狭すぎるため広げて解釈すること。
（例）「ガソリンカー転覆事件」（大判昭15.8.22）（刑129条：過失往来危険罪）
（刑法129条1項：過失往来危険罪）「過失により、汽車、電車若しくは

艦船の往来の危険を生じさせ、又は汽車若しくは電車を転覆させ、若しくは破壊し、若しくは艦船を転覆させ、沈没させ、若しくは破壊した者は、30万円以下の罰金に処する。」

[事実]：昭和14年、三重県で起こった事件。ある私鉄の機関手Yが、ガソリンカーの運転を誤って、これを脱線、転覆させ、破壊させるとともに、乗客に多数の死傷者を出した事件。Yは刑法129条の業務上過失往来危険罪により起訴された。

[判旨]：「刑法129条は、交通機関による交通往来の安全を維持するため、妨害をなす行為を禁じ、危害の発生の防止を目的としている。汽車のみを本罪の客体とし汽車代用の『ガソリンカー』を除外する理由はない。両者は単に動力の種類を異にする点において差異があるに過ぎず、共に鉄道線路上を運転し、多数の貨客を迅速安全かつ容易に運輸する陸上交通手段なる点において全くその揆を一にする。」

結論として、「汽車」とは汽車代用の「ガソリンカー」を包含するとした。

②縮小解釈：文理解釈をしたのでは意味が広すぎて、法文が真に意図する以上のものを表現してしまうと考えられるとき、文理を狭めて解釈する方法。

（例）民法177条（対抗要件）「不動産に関する物権の得喪及び変更は、不動産登記法その他の登記に関する法律の定めるところに従いその登記をしなければ、第三者に対抗することができない。」――「第三者」とは「登記の欠缺を主張するについての正当な利益を有する第三者」に限定して解釈する。すなわち、登記の欠缺を主張することが信義側に反する第三者は除く。この信義誠実の原則に反する第三者を「背信的悪意者」と呼ぶ。なお、信義誠実の原則については、本書第6章の3を参照されたい。

③類推解釈：立法後に生じた新たな利益を保護するため、類似した事項のうち、一方が法によって規定され、他方が明文規定をもたない場合に、一方を規定している法規を他方の類似事項についても適用できると解釈する方法。

（例）不法行為に基づく損害賠償の範囲に、債務不履行の損害賠償の範囲（民法416条「債務不履行に対する損害賠償の請求は、これによって通常生ずべき損害の賠償をさせることをその目的とする」）を適用する。
④反対解釈：法文が規定する事項と反対の事項が存在するとき、その法文の規定するところと反対の解釈をする方法。
（例）民法3条1項は「私権の享有は出生に始まる」と規定している。この反対解釈として、胎児は未だ私権を享有しないことになる。

＊(例外)「胎児は、相続については、既に生れたものとみなす。」（民法886条1項）

[未成年者の飲酒・喫煙に関する条文]
　　（未成年者喫煙禁止法1条）「満二十年ニ至ラサル者ハ煙草ヲ喫スルコトヲ得ス」、（未成年者飲酒禁止法1条）「満二十年ニ至ラサル者ハ酒類ヲ飲用スルコトヲ得ス」——20歳未満の者の喫煙と飲酒を禁じているから、規定はないけれども20歳以上であれば、喫煙・飲酒が許される。
⑤勿論解釈：立法の精神や意味内容から見て、明文の規定のない他の事項にも当然にその法と同じ趣旨の規定があるものと考えて解釈する方法。
（例）民法738条「成年被後見人が婚姻をするには、その成年後見人の同意を要しない」
　⇒ 被保佐人の婚姻については、保佐人の同意を必要としない：被保佐人の方が成年被後見人よりも思慮分別があるのだから、被保佐人に同意が不要なことはいうまでもない。なお成年被後見人と被保佐人との区別については、後出9章の1の（2）と資料（制限能力者の比較）を参照されたい。
3）目的論的解釈…文理解釈や論理解釈によって妥当な結論を見いだし得ないときは、法規が何を規律しようとしているか、その目的・精神を考慮して解釈しなければならない。
　（例）
　　①「電気窃盗事件」（大判明36.5.21）——窃盗罪を適用。
　　[事実]：旧刑法時代の電灯が普及し始めた当時、電灯会社が需要者に供給していた電流を、被告人が、電灯線に工作を施して盗んだため、

窃盗罪として起訴された。
　（旧刑法366条「人ノ所有物ヲ窃取シタル者ハ窃盗ノ罪ト為シ二月以上四年以下ノ重禁錮ニ処ス」）――電気は「人ノ所有物」と言えるか。
［判旨］：「電気は、容器に蓄積してこれを所持し、一つの場所より他の場所に移転する等、人力をもって任意に支配することを得べく、可動性と管理可能性とを併有するをもって、優に窃盗罪の成立に必要な窃取の要件を充たすことを得べし。」

② 「鉤釣（かぎつり）事件」（大判昭9.6.21）――北海道漁業取締規則違反被告事件
［事実］：北海道漁業取締規則35条1項は、魚類の繁殖を保護するため、指定河口湖沼において、漁業権のない者又は特に捕獲若しくは漁業の許可を受けない者が、「鉤」（竹又は木の棒の先にわん曲した鉄の鉤を固定した漁具）（同項9号）で魚類を捕獲することを禁止していた。ところが、被告人は漁業権も捕獲の許可もなく、保護河川である石狩川の支流で、およそ4mの竿の先に、7cmの釣針を約10cmごとに5本つけ、竿の両端に太く長いてテグス糸をつけたものを川に投入した。このテグスを引き寄せ、鮭の胴体に鉤を引っ掛けて約65cmの鮭を1尾採取したものである。被告人は、上記取締規則違反として起訴された。
［判旨］：「釣針といえども釣道具として使用せず、鉤としてこれを使用するを得べく鉤として使用したる場合はすなわち前記9号に規定せる鉤に該当するものと解せざるべからず。」

③ 「琵琶湖水面発砲事件」（大判昭9.11.17）――狩猟法違反被告事件
［事実］：明治33年滋賀県令18号は、琵琶湖の湖上における水禽（すいきん）の安息生育ないし湖上の風致美化等を目的として、琵琶湖水面及び琵琶湖諸島等の禁止区域における銃猟を禁止していた。被告人3名は共謀の上、琵琶湖水面より湖岸に向けて前後3回猟銃を発射して山鳥3羽を捕獲したため、上記県令違反として起訴された。

［判旨］：「同県令にいう水禽保護とは、単に湖上における水禽の捕獲を禁止してその保護をするにとどまるものではなく、湖上から湖岸に棲息する陸鳥の射撃をも禁止する趣旨である。同県令の銃猟禁止区域において、銃器を使用して狩猟行為をしたときは、たとえ狩猟の目的物が湖岸に棲息する陸鳥であったとしても、同県令の範囲外であるということはできない。」

[資料]

法学を学ぶにあたって

　法の目的は平和であり、それに達する手段は闘争である。法が不法からの侵害に備えなければならないかぎり——しかもこのことはこの世のあるかぎり続くであろう——、法は闘争なしではすまない。法の生命は闘争である。それは、国民の、国家権力の、階級の、個人の闘争である。

　世界中のいっさいの法は闘いとられたものであり、すべての重要な法規はまず、これを否定する者の手から奪いとられねばならなかった。国民の権利であれ、個人の権利であれ、およそいっさいの権利の前提は、いつなんどきでもそれを主張する用意があるということである。法はたんなる思想ではなくて、生きた力である。だから、正義の女神は、一方の手には権利をはかるはかりをもち、他方の手には権利を主張するための剣を握っているのである。はかりのない剣は裸の暴力であり、剣のないはかりは法の無力を意味する。はかりと剣は相互依存し、正義の女神の剣をふるう力と、そのはかりをあつかう技術とが均衡するところにのみ、完全な法律状態が存在する。

　法とは不断の努力である。しかも、たんに国家権力の努力であるだけでなく、すべての国民の努力である。法の生命の全体を一望のもとに見渡せば、われわれは眼前には、すべての国民の休むことのない競争と奮闘の情景がくりひろげられている。その光景は、すべての国民が経済的な、および精神的な生産の分野でくりひろげているものと同じものである。自分の権利を主張しなければならない立場に立たされた者は、だれしもこの国民的作業に参加し、それぞれのもつ小さな力を、この世での法理念の実現にふりむけるのである。（イェーリング*『権利のための闘争』小林孝輔・広沢民生訳、日本評論社）

　＊イェーリング（Rudolf von Jhering, 1818〜1892）
　　19世紀ドイツ最大の法学者の一人である。あらゆる法律問題の解決をローマ法の体系からの論理演繹によって導き出そうとする概念法学を批判し、法の歴史性を強調する歴史法学から利益法学への発展の道筋を作った。利益法学は、法とは秩序をもたらし、利益衝突の機会を最小にすることで、個々人の、そして社会的な利益を守るという役割を果たすとする考えをいう。代表的著作に、「ローマ法の精神」（1863）、「権利のための闘争」（1872）、「法における目的」（1883）等がある。

択一問題（第1回）

次の記述のうち、<u>誤っているもの</u>の記号を1つ記せ。

ア．法解釈の最大の使命は、法的安定性と具体的妥当性の両立・調和を図ることである。
イ．モンストルム（鬼子）の法理は、ローマ法における具体的妥当性を追求したものである。
ウ．法文上「推定する」と規定してある条文は、反証を挙げて証明して事実の擬制を覆すことができるが、「みなす」と規定してある条文は、反証を挙げて証明しても、その事実を覆すことができない。
エ．過失往来危険罪において、「ガソリンカー」も汽車にあたるとして処罰した判例は、罪刑法定主義の類推解釈の禁止に反し許されない。
オ．「電気窃盗事件」において、電気は管理可能性を有し、「他人ノ財物」にあたると解した判例は、窃盗罪の規定を目的論的に解釈したものである。

第2章
新しい人権──幸福追求と法──

1．幸福追求権

　憲法13条「すべて国民は、個人として尊重される。生命、自由及び幸福追求に対する国民の権利については、公共の福祉に反しない限り、立法その他の国政の上で、最大の尊重を必要とする。」

　これは、個人の尊重、生命・自由・幸福追求の権利の尊重（＝幸福追求権）を定めた規定である。

　この憲法13条のいわゆる幸福追求権は、個々の基本的人権規定に対して一般的包括的性質を有するものであり、また、憲法14条以下に規定されていない人権を承認する根拠ともなっている。

1）一般的包括的権利

　［幸福追求権］：個人の人格的生存に不可欠な利益を内容とする権利の総体をいう（人格的利益説）。

　①日本国憲法は、14条以下において、詳細な人権規定を置いているが、すべての人権を網羅的に掲げたものではない。

　②社会の変革にともない、「自律的な個人が人格的に生存するために不可欠と考えられる基本的権利・自由」として保護に値すると考えられる法的利益は、「新しい人権」として憲法上保障される人権の一つだと解するのが妥当である。

2）個々の新しい人権

　裁判規範性（具体的権利性）として認められるかが問題となる。これについては、裁判を行う際の基準となる、すなわちその裁判規範性を肯定すべきであろう。実際、個人尊重の原理に基づく幸福追求権は、憲法に列挙されていない新しい人権の根拠となる一般的包括的な権利であり、この幸福追求権によって基礎づけられる個々の権利は、裁判上の救済を受けることができる具体的権利であると解されるようになったといえる。判例も具体的権利性を肯定している。

2．新しい人権

1）プライバシーの権利（the right to privacy）

　私生活をみだりに公開されない法的保障ないし権利をいう。

　プライバシー権は、「一人でほっておいてもらう権利（the right to be let alone）」としてアメリカの判例によって発展させられてきた。わが国においても、私法上の権利（人格権等）であっても、それは、個人の尊厳を保ち幸福追求を保障する上において必要不可欠なものであり、それが憲法によって基礎づけられた権利と認められるようになった。

(ア) プライバシー侵害の要件

　①私生活上の事実または事実らしく受け取られるおそれのあること。

　②一般人の感受性を基準にして、当該私人の立場に立った場合、公開を欲しないであろうと認められることがらであること。

　③一般人の人びとにいまだ知られていないことがらであることを必要とする。

(イ) ［判例］「『宴のあと』事件」（東地判昭39.9.28.）（損害賠償請求事件）

　①事実

　　外務大臣の経験のある政治家X（有田八郎）は、1959年の東京都知事選に出馬し落選した。作家三島由紀夫は、Xとその妻で著名な料亭の女将(おかみ)をモデルにした小説を雑誌（中央公論）連載後、単行本『宴のあと』として出版（新潮社）した。それは一読すれば、主人公野口は原告の有田八郎を、かづは料亭「般若苑」の経営者畔上輝井(あぜかみてるい)をモデルにしたことがわかる小説であった。Xは、当時判例理論上未知のプライバシー侵害を根拠に謝罪広告と損害賠償を求めて訴えを提起した。

②判旨

[一部認容、一部棄却]

「私事をみだりに公開されないという保障」は、「今日マスコミニケーションの発達した社会では（近代法の根本理念の一つである）個人の尊厳を保ち、幸福の追求を保障する上において必要不可欠」なものであるから、「その尊重は、もはや単なる倫理的に要請されるにとどまらず、不法な侵害に対して法的救済が与えられるまでに高められた人格的な利益であると考えるのが正当である。」──〈プライバシー権の承認〉──その侵害に対する救済手段としては、「侵害行為の差止めや精神的苦痛による損害賠償請求権が認められるべきである」として、損害賠償を認容した（控訴審係属中に和解が成立）。

2）肖像権

みだりに自己の容ぼう、姿態を撮影されたり、公表されたりすることがない権利をいう。肖像権に関して最高裁が初めて憲法13条を根拠に認めた判例として「京都府学連事件」がある。

《判例》「京都府学連事件」（最大判昭44.12.24）（公務執行妨害・傷害被告事件）

①事実

被告人Yは、京都府学連主催の大学管理制度改悪反対デモに参加し、京都府公安委員会が付したデモ許可条件を知らずデモ隊を誘導し、機動隊ともみ合いになり、隊列をくずして行進した。京都府警のA巡査は、許可条件及び道路交通法に基づく条件に違反する事実があると判断し、歩道上からYの属する先頭集団の行進状況を撮影した。Yはどこのカメラマンかと抗議し、デモ隊員の旗竿を取って同巡査の下あご部を一突きして、全治1週間の傷害を与えた。

②判旨

個人の私生活上の自由の一つとして、何人も、その承諾なしに、みだりに、その容ぼう姿態を撮影されない自由を有する。これを肖像権と称するかどうかは別として、少なくとも警官が正当な理由もないのに、個人の容ぼう等を撮影することは憲法13条の趣旨に反し、許されない。

3）名誉権

名誉とは、人の価値に対する社会的評価をいう。名誉権は、人格的自律とし

ての人間存在の根幹にかかわる人格価値であり、人格的生存を保障する人権である。

《判例》「北方ジャーナル事件」(最大判昭61.6.11)(損害賠償請求事件)

これは、北海道知事選に立候補予定の者を批判攻撃する記事を掲載した雑誌が、発表前に名誉毀損を理由に差し止められた事件である。

①事実

被上告人Y_1は、約10年間旭川市長を勤めたのち、北海道知事選挙に立候補したが落選し、再び昭和54年4月実施予定の知事選に同年2月の時点ですでに立候補を予定していた。他方、上告人X(株式会社北方ジャーナルの代表取締役)はY_1に関する「ある権力主義者の誘惑」と題する記事を執筆し同年2月8日に校了、Xが発行する月刊の道域誌「北方ジャーナル」の2月23日発売予定の4月号に掲載するため印刷の準備をしていた。

記事の内容は、Y_1が「嘘とハッタリとカンニングの巧みな」少年であり、「言葉の魔術者であり、インチキ製品を叩き売っている(政治的な)大道ヤシ」などの表現をもってYの人格を評し、その私生活にも触れ、また「利権漁りが巧みで特定の業者とゆ着し私腹を肥やし、汚職を蔓延せしめ、巧みに法網をくぐり逮捕をまぬかれている」と記し、Y_1が知事候補として不適格であることを論じていた。

記事の内容を知ったY_1は、昭和54年2月16日、名誉権を予防するために同誌4月号の執行官保管、印刷・製本及び販売又は頒布の禁止等を命ずる仮処分を札幌地裁に申請し、裁判所はこれを相当と認め、即日仮処分を決定し執行した。

そこで、XはY_1の仮処分申請、裁判官の仮処分決定さらに執行官の執行によって損害を受けたとして、Y_1及びY_2(国)を相手どりY_1に対しては不法行為に基づき、Y_2に対しては国家賠償法1条に基づき損害賠償請求の訴えを提起した。

②判旨

> ① 人の品性、徳行、名声、信用等の人格的価値について社会から受ける客観的評価である名誉を違法に侵害されたものは損害賠償を求めることができる他、人格権としての名誉権に基づき加害者に対し、現に行われている侵害行為を排除し、又は将来生ずべき侵害を予防するため、侵害行為の差止めを求めることができるものと解するのが相当である。
> ② 表現の自由、とりわけ公共的事業に関する表現の自由は、特に憲法上の権利として尊重されなければならないものである。しかし、右規定もあらゆる表現の自由を無制限に保障している訳ではなく、他人の名誉を害する表現は表現の自由の濫用であって、これを規制することは妨げないが、右の趣旨にかんがみ、刑事上及び民事上の名誉毀損に当たる行為についても、当該行為が公共の利害に関する事実に関わり、その目的が公益を図るものである場合には、当該事実が真実であることの証明があれば右行為には違法性はなく、又、真実であることの証明がなくても行為者がそれを真実であると誤信したことについて相当の理由があるときは、右行為には故意又は過失がないと解すべく、これにより、人格権としての個人の名誉の保護と表現の自由の保障との調和が図られるものである。表現行為に対する事前抑制は、表現の自由と検閲を禁止する憲法21条の趣旨に照らし、厳格かつ明確な要件のもとにおいてのみ許容されうるものといわなければならない。

4）環境権

　健康で快適な生活を維持する条件としての良い環境を享受し、これを支配する権利をいう。

　自然環境との関係で成立する人格権というべきである。環境権の内容として嫌煙権や日照権が挙げられる。嫌煙権や日照権を含む環境権が侵害されたか否か、そしてその侵害行為の差止めや損害賠償が認められるか否かの一つの基準として受忍限度論が導入された。受忍限度とは、社会通念上一般人が忍耐すべき限度をいう。これを越えると適法行為も不法行為となり、差止めや損害賠償が認められる可能性が生じる。

《判例》「大阪空港公害訴訟事件」（最大判昭56.12.16）（夜間飛行禁止等請求事件）
　①事実
　　航空機の騒音・排気ガス・振動等に悩む大阪空港付近の住民Xらが、人

格権と環境権（憲法13条・25条）に基づき、Y（国）に対して空港供用の時間制限と過去及び将来の損害賠償を求めて提訴した。
②判旨

> ［結論］①過去の損害賠償請求は認容：公共的利益の実現は、Xらを含む周辺住民という限られた一部少数者の特別の犠牲の上でのみ可能であって、そこに看過することのできない不公平が存する。（中略）Xら住民に被る被害を受忍すべきことを要求することはできず、Yの空港供用行為は法によって承認されるべき適法な行為とは言えない。
> ②民事手続による航空機の離着陸の差止請求は不適法である——却下
> ③将来の損害賠償請求——却下（一義的に明確に認定できない）

《判例》「大阪空港公害訴訟事件控訴審判決」（大阪高判昭50.11.27）
③判旨

> ①人間として生存する以上、平穏自由で人間たる尊厳にふさわしい生活を営むことも最大限尊重されるべきであって、本条はその趣旨に立脚し、憲法25条も反面からこれを裏付けており、このような個人の生命、身体、精神及び生活に関する利益は各人の人格に本質的なものであって、その総体を人格権ということができる。
> ②このような人格権は何人もみだりにこれを侵害することは許されず、その侵害に対しては、これを排除する機能が認められなければならない。
> ③差止請求の根拠としての人格権は、実定法上の規定を待たなくても当然承認されるべき基本的権利であり、それに基づく差止請求が認容される以上、環境権理論の当否について判断する必要はない。
> ［結論］（ⅰ）午後9時以降の飛行機の発着禁止を認容
> 　　　　（ⅱ）過去の損害賠償を認容
> 　　　　（ⅲ）将来の損害賠償を認容

5）自己決定権

　個人的事柄について、公権力から干渉されずに自ら決定する権利＝個人の人格的生存に関わる重要な私的事項を公権力の介入、干渉なしに各自が自律的に決定できる自由をいう。
　（例）
　ア）子どもをもつかどうかなど家族のあり方を決める自由（断種、避妊、妊

娠中絶等）
　イ）身じまい（髪形、服装）などのライフスタイルを決める自由
　ウ）医療拒否、とくに尊厳死など生命の処分を決める自由
《判例》「『エホバの証人』輸血拒否事件」（最判平12.2.29）（損害賠償請求事件）
　①事実

　　　Aは、1963年より「エホバの証人」の信者であり、宗教上の信念からいかなる場合にも輸血を受けることを拒否する（絶対的無輸血）という固い意思を有していた。B病院で悪性肝臓血管腫との診断を受けたAは、「エホバの証人」の信者の間で輸血を伴わない手術をした例を有することで知られていたC医師の治療を受けるため、Cの勤務するY（国）の開設するD病院（東大医科学研究所附属病院）に転院し、C医師らに対し絶対的無輸血の意思を表示していた。

　　　ところで、D病院は輸血拒否の意思をできるだけ尊重するが、他に救命手段がない場合には輸血する方針を採用しており、C医師らは1992年9月に施行されたAの手術の際に、輸血をしない限りAを救うことができない事態に至ったと判断して、輸血をした。

　　　そこで、A（一審判決後に死亡、相続人X）はYを相手取って訴えを提起し、人格権（自己決定権）の侵害を理由に、不法行為責任及び使用者責任に基づいて1200万円の慰謝料の賠償を請求した。

　②判旨

> ①C医師らは手術の際に輸血以外には救命手段がない事態が生ずる可能性を否定し難いと判断した場合には、Aに対し、D病院としてはそのような事態に至ったときは、輸血するとの方針を採っていることを説明し、D病院への入院を継続した上で、C医師らの下で本件手術を受けるか否かをA自身の意思に委ねるべきであったと解するのが相当である。
> ②C医師らは、右説明を怠ったことにより、Aが輸血を伴う可能性のあった本件手術を受けるか否かについて意思決定をする権利を奪ったものといわざるを得ず、この点において、同人の人格権を侵害したものとして、同人がこれによって被った精神的苦痛を慰謝すべき責任を負うものというべきである。輸血を伴う医療行為を拒否する意思決定をする権利は、人格権の一内容として尊重されなければならない。

択一問題（第2回）

次の記述のうち、誤っているものの記号を1つ記せ。

ア．個人尊重の原理に基づく幸福追求権は、憲法に列挙されていない新しい人権の根拠となる一般的包括的な権利であり、この幸福追求権によって基礎付けられる個々の権利は、裁判上の救済を受けることができる具体的権利であると解されるようになり、判例も具体的権利性を認めている。

イ．「宴のあと」事件では、初めてプライバシー侵害を根拠に原告は損害賠償を請求し、東京地裁は原告の請求を認容した。

ウ．「京都府学連事件」では、憲法13条にもとづく肖像権が認められ、被告は公務執行妨害罪等には問われず無罪となった。

エ．「北方ジャーナル事件」では、最高裁は名誉権にもとづく侵害行為の差止めを認めた。

オ．「大阪国際空港事件」では、原告は人格権と環境権とにもとづき、空港供用の時間制限と過去および将来の損害賠償を求めたが、最高裁は環境権に触れることなく、過去の損害賠償のみを認めた。

第3章

法の下の平等
――「法の下の平等」の意義と合理的な差別――

憲法14条「①すべて国民は、法の下に平等であって、人種、信条、性別、社会的身分又は門地により、政治的、経済的又は社会的関係において、差別されない。」

1. 意義

人の価値はだれでも同じであることを基礎に、法律上の均等な取り扱いを命じる原則をいう。

「法の下の平等」とは、各人の性別・能力・年齢・財産・職業又は人と人との特別な関係などの種々の事実的・実質的差異を前提として、法の与える特権の面でも法の課する義務の面でも、同一の事情と条件の下では均等に取り扱うことを意味する。

アメリカ独立宣言（1776年）：「すべての人は平等に造られ、造物主によって一定の奪い難い天賦の権利を賦与され、その中に生命・自由及び幸福追求が含まれる。」

ただし、「法の下の平等」は、すべての国民に対して絶対的に差別的取扱いを禁止する趣旨ではなく、上に述べた国民各人の事実的・実質的差異に基づいて、社会通念からみてもっともと思われる合理的理由がある場合には、その差異に

第3章 法の下の平等──「法の下の平等」の意義と合理的な差別── 27

応じて異なった取り扱いを認める趣旨であると考えられる。

2．合理的差別

「合理的な差別」と「合理的でない差別」の区別基準
1) 民主主義の根本理念である個人の尊厳と人格的価値の平等の尊重に反していないかどうか。反していれば、当然、不合理な差別であり、「法の下の平等」違反となる。
2) 個人の尊厳に基づく民主主義的合理性に反しない差別は平等違反とはならない。
3) 対象となる権利の性質の違いを考慮して、立法目的と立法目的を達成する手段の2つの側面から合理性の有無を判断するのが妥当である。その判断基準として「二重の基準」が問題となる。

3．二重の基準（double standard）

　経済的自由権の規制立法については合憲性が推定され、緩やかな審査基準が適用されるのに対して、精神的自由権の規制立法については、違憲性が推定され、厳格な審査基準が適用されるとする考えをいう。
1) 精神的自由を規制する立法は、違憲性が推定される。なぜなら、民主制の観点から、精神的自由は、経済的自由に優越すると考えられ、立法が合憲か違憲かについて厳格な審査基準が求められていると解されるからである。
　　［合憲性審査基準］：精神的自由を規制する立法が合憲か違憲かを審査する基準としては、次の事項を考慮しなければならない。
　①立法目的が必要不可欠なものかどうか。
　②立法目的達成手段が是非とも必要な最小限度なものかどうか。
　　　この基準により、目的の必要不可欠性および目的達成手段の必要最小限性を判断するためには、精神的自由権と経済的自由権の憲法上の特性に配慮する必要がある。

(i) 精神的自由権は人権のカタログにおける「優越的地位」を占めると考えられる。精神的自由権は代表民主制の前提条件であり、これが侵害されると民主制が成り立たないからである。
   (ii) 精神的自由の規制ないしはそれと関連する問題（選挙等）については、目的・手段「必要最小限の原則」が適用される。すなわち、基本的人権の制約は立法目的を達成するための必要最小限のものにとどまらなければならない。
2）経済的自由の規制立法については、国会に広い裁量が認められるので、合憲性が推定される。そこで、立法目的が正当なもので、目的と手段との間に合理的関連性があれば合憲とする、より緩やかな「合理性」の審査基準が採用される。ただし、この審査基準を適用にあたっては、規制立法の目的が消極的なものか、積極的なものかに分けて考える必要がある。
①消極目的の場合すなわち、国民の生命及び健康に対する危険の防止等を目的とする場合には、「厳格な合理性の基準」が採用される。その内容は次の通りである。
   (i) 立法目的が「止むに止まれぬ」必要不可欠又は重要であること。
   (ii) 目的と手段との間に事実上の実質的関連性が存すること。
②積極的目的の場合すなわち、経済的弱者の保護・過当競争の防止等を目的とする場合は、国会に広い裁量権が認められるので、「明白性の原則*」が用いられる。
(i) 立法目的が正当なものであること。
(ii) 目的と手段との間に合理的関連性が存すること。
上の2つの要件があれば、合憲性が肯定される。

　＊［明白性の原則］：不合理であることの明白である場合に限って法令を違憲とする原則。

4．法の下の平等の意味

1) 立法者非拘束説と拘束説
   ①立法者非拘束説：法律の適用が平等であればよく、法律の内容そのものが不平等であることまで禁止されるものではない。立法権を拘束せず、行政権、司法権をのみ拘束する。
   　［批判］：たとえ、法律の適用が平等であっても、法律の内容が不平等であれば、個人の尊厳と人格的価値の平等を内容とする実質的法の下の平等は達成されない。
   ②立法者拘束説：平等原則は立法者をも拘束し、法律の内容自体が平等でなければならない（通説）。
2) 絶対的平等と相対的平等の相違
   ①絶対的平等：すべての人間を法律上完全に機械的に同一に処遇すること。形式的な平等である。
   ②相対的平等：人間がそれぞれ異なる状況にあることを認めて、等しいものは等しく、異なるものをその異なる程度に応じて実質的に異なって取り扱うこと（通説）。実質的平等を意味する。
3) 14条1項前段と後段の関係：前段の一般的文言と後段の具体的事項との関係が問題となる。
   ①A説：後段は、限定的列挙であるとする説。
   ②B説：後段は単なる例示である（最大判昭23.5.26）。
   ③C説：原則として差別が絶対に禁止される事項を例示するものと解する説（芦部）。
①A説は、他の諸条件による差別を憲法上の保障のらち外におくことになる。したがって、後段列挙事項以外の、財産・学歴・言語・職業・出生地等による差別は14条1項に反しないことになる。
②B説では、人種・信条等に基づく別異取扱いも、その他の事由に基づく場合と特に区別されることなく、合理的理由がある場合には禁止されないことになる。したがって、後段の規定には格別の存在意義は認められない。

③C説では、人種・信条等後段列挙事由に基づく別異取扱いは、原則として不合理なものとみなすという意味で、本項が特に規定したものであると解する。後段列挙事由以外の事由に基づく別異取扱いであっても不合理なものとみるべきであるが、人種・信条等に基づく別異取扱いはそれ自体、不合理なものとして、原則として絶対に禁止される。さらに、後段列挙事由に基づく別異取扱いは合憲性の推定が排除され、合憲性を主張する側が合理的理由の存在を論証する責任を負う。すなわち、挙証責任は国家の側にあることになる。

＊[結論]：「法の下の平等」が自然法的に認められる人が生まれながらに有する当然の権利であることを考慮すると、基本的人権の保障の手厚さという観点から、上記C説が最も妥当であると解する。

4）14条後段の列挙事項
　①人種：皮膚・毛髪・目・体型等の身体的特徴によりなされる人類学上の区別をいう。
　　　例えば、歴史的にはアイヌ人に対する差別が行われた。北海道旧土人保護法（現在は廃止）は、「旧土人（アイヌ）」に対する保護を名目として、アイヌ人の共有地を奪い、アイヌ文化を遅れたものとして、日本人との同化を強要したものであった。1997年7月1日、アイヌ文化の振興並びにアイヌの伝統等に関する知識の普及及び啓発に関する法律の施行に伴い廃止された。
　②信条：宗教上の信仰及び広く思想上・政治上の主義を含む。
　③性別：男女の性別による区別をいう。
　　　明治憲法下では、旧刑法に「有夫ノ婦姦通シタルトキハ2年以下ノ懲役ニ処スル」という姦通罪の規定があった。これは、結婚している女性にのみ適用された。また、妻は一定の法律行為を行うには夫の許可が必要とされた（妻の無能力）（民法旧12条・14条）。
　④社会的身分：人が社会において一時的ではなしに占める地位という（判例）。例えば、会社員、公務員、医師、教員、学生等。
　⑤門地（family origin）：家柄をいう。例えば、明治憲法下における.華族な

どが挙げられる。
  (i) 政治的関係：例えば、参政権や裁判を受ける権利
  (ii) 経済的関係：例えば、租税の賦課、財産権の収用、勤労の権利
  (iii) 社会的関係：例えば、居住の権利や教育を受ける権利
5）「差別されない」：権利の上でも義務の面でも平等に取り扱われることを意味する。

5．判例

1）堀木訴訟（最大昭57.7.7）（行政処分取消請求事件）
①事実

原告X（堀木フミ）は、全盲の視力障害者として、障害福祉年金を受給していたが、同時に寡婦（前夫と離婚している）として子供を養育していたので、児童扶養手当の受給資格の認定申請をしたところ、年金と手当との併給禁止規定に従って、Y（兵庫県知事）により申請は却下された。そこで、右併給禁止規定は憲法13条・14条1項及び同法25条2項に反するとして、手当受給資格認定請求却下処分の取消しと手当受給資格認定の義務付け等を求めて提訴した。

②判旨
　　［棄却］

①憲法25条については、「健康で文化的な最低限度の生活」とは、極めて抽象的相対的な概念であって、立法による具体化が必要であり、憲法25条に基づく立法措置についての選択決定は立法府の広い裁量に委ねられている。
②併給禁止条項により、障害福祉年金受給者とそうでない者との間に児童扶養手当の受給に関し差別が生じても、広汎な立法裁量を前提として判断すると、差別は不合理なものとは言えない。

2）尊属殺人被告事件（最大判昭48.4.4.）（前出1章2（3）③を参照）
①事実

1968年10月5日、被告人X（当時29歳）は実父A（当時53歳）を絞殺し

た。殺害の日まで被告人は、被害者Aによって10日余りにわたって自宅に監禁、脅迫、虐待され、最終的に口論の末に殺害し、自首したものである。

Xは14歳（中学2年）のときAに姦淫され、以後10年間夫婦同様の生活を強いられて5人の子（2人は夭折、他にも6人を妊娠中絶）までなした。Xがその境遇から逃げ出せなかったのは、自分が逃げると同居していた妹が同じ目に遭うことを恐れたためであった。そうした中、Xにも職場で相思相愛の相手が現れ、正常な結婚をする機会が巡ってきたが、そのことを被害者たるAに打ち明けたところ、怒りに狂い監禁・虐待され、実父Aを殺害するに至ったものである。

②判旨

　　　［破棄自判］

> ①尊属に対する尊重報恩は社会生活上の基本的道義といえる。
> ②被害者が尊属であることを犯情のひとつとして、これを類型化し、法律上、刑の加重要件とする規定を設けても、ただちに合理的な根拠を欠くものと断ずることはできない。
> ③しかし、加重の程度が極端であって、前示のごとき立法目的達成の手段として甚だしく均衡を失し、正当化し得べき根拠を見いだし得ないときは、その差別は著しく不合理なものといわなければならない。
> ④刑法200条は、法定刑を死刑又は無期懲役のみに限っている点において、その立法目的達成のために必要な限度を遙かに超え、普通殺に関する刑法199条の法定刑に比し著しく不合理な差別的取扱いをするものと認められ、憲法14条1項に違反して無効である。

3）嫡出性の有無による法定相続分差別（最大判平7.7.5）（遺産分割審判に対する抗告棄却決定に対する特別抗告事件）

①事実

訴外A女が死亡し、相続が開始した。遺産は土地一筆である。相続人の一人である非嫡出子の代襲相続人Xは、家庭裁判所に遺産分割の審判を申し立て、その際、相続財産について非嫡出子に嫡出子の2分の1の法定相続分しか認めない民法900条4号但書の規定は、法の下の平等（憲法14条1項）に違反し無効であるとの主張をして、嫡出子と均等な相続を求めた。

②判旨
　　［棄却］

①憲法14条1項は、合理的理由のない差別を禁止する趣旨のものであって、各人に存する経済的、社会的その他種々の事実関係上の差異を理由とする法的区別は、合理性を有する限り何ら右規定に違反するものではない。
②本件規定（民900条4号但書）の立法理由は、法律上の配偶者との間に出生した嫡出子の立場を尊重するとともに、他方被相続人の子である非嫡出子の立場にも配慮して、非嫡出子に嫡出子の2分の1の法定相続を認めることにより、非嫡出子を保護しようとしたものであり、法律婚の尊重と非嫡出子の保護の調整を図ったものと解される。
③以上から、現行民法は（一夫一婦による）法律婚主義を採用しているのであるから、立法理由にも合理的な根拠があるというべきであり、本件規定が非嫡出子の法定相続分を嫡出子の2分の1としたことが、右立法理由との関連において著しく不合理であり、立法府に与えられた合理的な裁量判断の限界を超えたものということはできない。本件規定は、憲法14条1項に反するとは言えない。

4）「婚外子の相続分規定違憲決定事件」（最大決平25.9.4）（遺産分割審判に対する抗告棄却決定に対する特別抗告事件）
　①事実
　　　平成13年に死亡した甲の遺産につき、甲の嫡出である子（その代襲相続人を含む）である相手方らが、甲の嫡出でない子である抗告人らに対し、遺産の分割の審判を申し立てた事件である。原審は、民法900条4号ただし書の規定のうち嫡出でない子の相続分を嫡出子の相続分の2分の1とする部分は憲法14条1項に違反しないと判断し、本件規定を適用して算出された相手方ら及び抗告人らの法定相続分を前提に、甲の遺産を分割すべきものとした。
　　　論旨は、本件規定は憲法14条1項に違反し無効であるというものである。
　②判旨
　　　［破棄差し戻し］

①非嫡出子の相続分を嫡出子の2分の1とする区別が、裁量権を考慮しても合理的な根拠が認められない場合は、法の下の平等を定めた憲法14条1項に違反する。
②1995年の大法廷決定は、規定は非嫡出子に一定の相続分を認めて保護した面があり、遺言がない時に補充的に機能することも考慮して、憲法に反しないと判断した。しかし、①で示したことは時代と共に変遷するもので、規定の合理性は不断に検討されなければならない。
③現在、嫡出子と非嫡出子の相続分に差異を設けている国は、世界的にも限られた状況である。国連の委員会は、差別的規定を問題にして、法改正の勧告等を繰り返してきた。
④わが国でも、住民票での世帯主との続柄の記載や、戸籍での父母との続柄の記載で、非嫡出子と嫡出子は同様の扱いとされた。法定相続分の平等化の問題もかなり早くから意識され、平等とする旨の法改正準備が進められたが、法案の国会提出には至らず、改正は実現していない。理由の一つには、法律婚を尊重する意識が幅広く浸透していることがあると思われる。しかし、規定の合理性は、個人の尊厳と法の下の平等を定める憲法に照らし、非嫡出子の権利が不当に侵害されているか否か、という観点から判断されるべきである。
⑤95年の決定で考慮した補充的な機能も、規定の存在自体が非嫡出子への差別意識を生じさせかねないことを考えると、重要ではないというべきである。
⑥法律婚という制度自体は定着しているとしても、父母が婚姻関係になかったという、子にとっては自ら選択、修正する余地のないことを理由としてその子に不利益を及ぼすことは許されず、子を個人として尊重し、権利を保障すべきだという考えが確立されてきている。

　以上を総合すれば、遅くとも本件の相続が開始した2001年7月当時、立法府の裁量権を考慮しても、嫡出子と非嫡出子の法定相続分を区別する合理的根拠は失われており、規定は憲法14条1項に違反していたというべきである。
⑦本決定は、95年の決定やその後の小法廷の判決等が、01年7月より前に相続が開始した事件について、その相続開始時点での規定を合憲とした判断を変更するものではない。他方、本決定の違憲判断が、すでに行われた遺産の分割にも影響し、解決済みの事案にも効果が及ぶとすることは、著しく法的安定性を害することになるから、すでに裁判や合意で確定した法律関係まで現時点で覆すことは相当ではない。01年7月から本決定までの間に開始された他の相続で、確定的となった法律関係に影響を及ぼすものではないとするのが相当である。

第3章 法の下の平等──「法の下の平等」の意義と合理的な差別──

5）議員定数不均衡と選挙の平等（最大判昭51.4.14）（選挙無効請求事件）

①事実

　1972年12月10日に実施された衆議院議員選挙の千葉1区の選挙人X（原告）は公職選挙法204条に基づいて、被告Y（千葉選挙管理委員会）を相手取って選挙無効判決を求めて東京高裁に提訴した。その理由は、本件選挙の議員定数を定めた公選法別表第一表などの規定が議員一人あたりの有権者数の最小を示す兵庫5区と同選挙区の間に4.8対1の較差（有権者分布差比率）をもたらしており、これは住所による国民の不平等な取扱いであって、「投票価値の平等」を要求する憲法14条の許容する限度を超えているというにある。

②判旨

　［破棄自判］

①憲法14条1項に定める法の下の平等は、選挙権に関しては、国民はすべて政治的価値において平等であるべきであるとする徹底した平等化を志向するもので、選挙権の内容、即ち、各選挙人の投票価値の平等も又、憲法の要求するところである。
②本件議員定数配分規定は、本件選挙当時、憲法の選挙権の平等の要求に違反し、違憲と断ぜられるべきものだった。
③行政事件訴訟法31条1項前段の事情判決＊条項の「一般的な法の基本原則」の法理に従い、本件選挙は、憲法に違反する議員定数配分規定に基づいて行われた点において違法である旨判示するにとどめ、選挙自体はこれを無効としないこととする。

＊［事情判決］：行政事件訴訟法31条（特別の事情による請求の棄却）
1　取消訴訟については、処分又は裁決が違法ではあるがこれを取消すことにより公の利益に著しい障害を生ずる場合において、原告の受ける損害の程度、その損害の賠償又は防止の程度及び方法その他一切の事情を考慮したうえ、処分又は裁決を取消すことが公共の福祉に適合しないと認めるときは、裁判所は請求を棄却することができる。この場合には、当該判決主文において、処分又は裁決が違法であることを宣言しなければならない。
2　裁判所は相当と認めるときは、終局判決前に、判決をもって、処分又は裁決が違法であることを宣言することができる。

［資料］

〔用語の意味〕
1 二重の基準（Double Standard Theory）：表現の自由を中心とする精神的自由を規制する立法の合憲性は、経済的自由を規制する立法よりも特に厳しい基準で審査されなければならないとするアメリカ合衆国最高裁判所の判例で確立された理論。わが国の最高裁判所も基本的にはこの法理の適用を示唆している。
2 二重の基準の根拠：①精神的自由は、人間の人格の発展を確保し、個人の自己実現を前提とする代表民主制を確立する上で必要不可欠である。
　②その規制立法が誤った場合には、議会制民主主義、民主的政治過程そのものが正常な機能を失っており、是正が困難である。
　③精神的自由は、経済的自由に優越し、規制立法の合憲性判定基準はより厳格であるべきである。
　④民主政の過程を支える精神的自由は「こわれ易く、傷つき易い」権利であり、それが不当に制限されている場合には、国民の知る権利が十全に保障されず、民主政の過程そのものが傷つけられているために、裁判所が積極的に介入して民主政の過程の正常な運営を回復することが必要である。
　⑤一方、経済的自由の規制は、経済的政策的見地より立法化されるものであり、本来政治過程は司法過程になじまず、広い裁量が立法府に認められる。経済的自由の規制は、社会経済政策の問題が関係することが多く、政策の当否について審査する能力に乏しい裁判所としては、明白に違憲と認められないかぎり、立法府の判断を尊重する態度が望まれる。
　⑥経済的自由の規制立法は合憲性が推定されるので、違憲審査基準としては合理性の基準が採用される。
3 合理性の基準：立法目的と立法目的達成手段の両面にわたって議会の判断に合理性があるかどうかの判断基準。合憲性の推定の原則を排除するに足りる合理的疑いが存在するか否か。存在すれば、違憲となる。
4 明白かつ現在の危険（clear and present danger）：アメリカ合衆国最高裁判所の判例で確立された表現の自由の限界を判定する基準の一つ。極めて厳格な基準である。
　①ある表現行為が近い将来、ある実質的害悪を引き起こす蓋然性が明白であること。
　②その実質的害悪が極めて重大であり、その重大な害悪の発生が時間的に切迫していること。
　③当該規制手段がその害悪を避けるために必要不可欠であること。
5 表現の自由の人権のカタログにおける「優越的地位」：表現の自由があってはじめて選挙の自由が確保され、国民の意思が公正かつ民主的に国会に反映され、代表される。その前提が崩れれば、民主政治のプロセス自体が傷つけられてしまう。そうすると不当な違憲と考えられるような立法その他の規制を国会によって矯正していくことが事実上非常に困難あるいは不可能となる。そこで、それに代わって、裁判所が違憲審査を求められた場合には、積極的に介入して、民主政治のプロセス自体をもとどおりに回復する必要がある。それには、厳格な審査が必要である。これが、「表現の自由」は人権のカタログにおいて「優越的地位」を占めると言われる意味である。

択一問題（第3回）

次の記述のうち、誤っているものの記号を1つ記せ。

ア．精神的自由を規制する立法の違憲審査基準では、精神的自由の人権のカタログにおける優越的地位にかんがみ、厳格な審査基準である「必要最小限の原則」が適用される。
イ．経済的自由の規制立法については、「合理性の基準」が適用され、特に積極目的の場合は、国会に広い裁量権が認められる。
ウ．民法900条4項但書の嫡出性の有無による法定相続分の差別が問題になった事件では、最高裁は、当該規定は法律婚と非嫡出子の保護の調整を図ったものと解して合憲と判示していたが、平成25年9月4日大法廷決定により違憲と判例変更した。
エ．議員定数と選挙の平等が問題になった事件では、最高裁は、本件選挙は憲法の選挙権の平等の要求に違反し違憲であるとしたが、「事情判決」により違法と判示するにとどめ、選挙自体は無効とはしなかった。
オ．「尊属殺人事件」では、最高裁は、尊属殺人規定を設けること自体が違憲であると判示した。

第4章
思想・良心の自由/信教の自由/学問の自由

1．思想・良心の自由
憲法19条「思想及び良心の自由は、これを侵してはならない。」

(1) 特徴
　内面的精神活動の自由の中でも、最も根本的なものであり、個人の尊厳を守るためにはこの内面的精神活動の自由が絶対に守られなければならない。

(2) 保障の意味
1) 内心にとどまる限り、絶対的自由である。国家権力は内心の思想に基づいて不利益を課したり、あるいは特定の思想を抱くことを禁止することはできない。たとえ民主主義を否定する独裁主義を支持するような思想であっても、少なくとも内心の思想にとどまる限りはその故をもって処罰されない。
2) 国民がいかなる思想を抱いているかについて、国家権力が露顕（disclosure）を強制することは許されない。「沈黙の自由」が保障される。例えば、キリシタンを取り締まるため江戸時代に行われた「踏み絵」のような行為を強要することは、国民にその思想の露顕を強制するもので許されない。
3) 判例
ア)「良心の自由と謝罪広告の強制」（最大判昭31.7.4）（謝罪広告請求事件）

①事実

上告人Y（被告）は、昭和27年10月1日施行の衆議院議員総選挙に際し、日本共産党公認候補として徳島県から立候補したが、選挙運動中にラジオ及び新聞を通じ、対立候補であった被上告人X（原告）が県副知事在職中、某発電所の建設にからんで汚職をなしたという事実を公表した。そのため、Xより名誉毀損で訴えられた。

第1審の徳島地裁は、右事実は無根であり、その公表が原告の名誉を毀損したことを認め「……放送及記事は真実に相違しており、貴下の名誉を傷つけご迷惑をおかけしました。ここに陳謝の意を表します。」という文面の「謝罪広告」をYの名で新聞紙上に掲載することを命じた。第2審の高松高裁は第1審を支持して、控訴を棄却した。Yは上告し、「現在でも演説の内容は真実であり、Yの言論は国民の幸福のためになされたものと確信をもっており、上告人Yの全然意図しない言説をYの名前で新聞に掲載せしむる如きは憲法19条の保障する良心の自由の侵害である」と主張した。

②判旨

　　［上告棄却］

①時には、これ（謝罪広告を新聞紙に掲載すること）を強制することが、債務者の人格を無視し著しくその名誉を毀損し意思決定の自由ないし良心の自由を不当に制限することとなり、いわゆる強制執行に適さない場合に該当することもありうるであろうけれども、単に事態の真相を告白し陳謝の意を表明するに止まる程度のものにあっては、これが強制執行も代替作為として民訴733条（現民事執行法171条＊）によることを得るものと言わなければならない。

②原判決の是認した被上告人の本訴請求は、結局上告をして右公表事実が虚偽且つ不当であったことを広報機関を通じて発表すべきことを求めるに帰する。されば、少なくともこの種の謝罪広告を新聞紙に掲載すべきことを命ずる原判決は、上告人に屈辱的若しくは苦役的労苦を科し、又は上告人の有する倫理的意思、良心の自由を侵害することを要求するものとは解されないし、又民法723条＊にいわゆる適当な処分というべきである。

＊民法723条「他人の名誉を毀損した者に対しては、裁判所は、被害者の請求によ

り、損害賠償とともに、名誉を回復するのに適当な処分を命ずることができる。」
＊民事執行法171条「①民法第414条第２項本文又は第３項に規定する請求に係る強制執行は、執行裁判所が民法の規定に従い決定する方法により行う。」
＊民法414条「②債務の性質が強制履行を許さない場合において、その債務が作為を目的とするときは、債権者は、債務者の費用で第三者にこれをさせることを裁判所に請求することができる。ただし、法律行為を目的とする債務については、裁判をもって債務者の意思表示に代えることができる。」

イ）「麹町中学内申書事件」（最判昭63.7.15）（国家賠償法損害賠償請求事件）
①事実

Xは1971年３月東京都千代田区立麹町中学校を卒業し、都立及び私立の高等学校複数を受験したがいずれも不合格となった。Xの調査書（内申書）には、その「行動及び性格の記録欄」中の「基本的生活習慣」「自省心」「公共心」の３つの項目にC評価（A、B、Cの三段階評定）が付され、その「備考欄」及び特記事項欄には、概ね「校内において麹町中全共闘を名乗り、機関紙『砦』を発行した。大学生ML派の集会に参加している。学校文化祭の際、文化祭粉砕を叫んで他校生徒とともに校内に乱入し、ビラ配り、落書きをした」と記載されていたことが後日判明した。Xは、高校不合格の原因は内申書の右記載にあるとして、Y_1（千代田区）及びY_2（東京都）を相手取り、国家賠償法に基づき慰謝料の支払いを求める損害賠償請求訴訟を提起した。

第１審の東京地裁（昭54.3.28）は、「公立中学校において、思想信条のいかんによって生徒を分類評定する本件内申書作成行為は違法である」として慰謝料請求を認めた。

第２審の東京高裁（昭57.5.19）は、「調査書が本人にとって不利に働くこともあるのは事柄の性質上当然である」とし、本件内申書の記載にかかるXの諸行為を「高等学校に対し、学校の指導を要するものとして知らしめ、もって入学選抜判定の資料とさせることは違法ではない」として、慰謝料請求を斥けた。そこでXは、Y_1、Y_2の行為は憲法19条、21条等に違反するとして上告した。

②判旨

第4章 思想・良心の自由／信教の自由／学問の自由　41

　　［上告棄却］

> （本件内申書記載は）Xの思想、信条そのものを記載したものではないことは明らかであり、右の記載に係る外部的行為によってはXの思想、信条を了知し得るものではないし、また、Xの思想、信条自体を高等学校の入学者選抜の資料に供したものとは到底理解することができないから、所論違憲の主張は、その前提を欠き採用できない。

　③最高裁判決に対する批判：「ML派の集会に参加している」などのような、本人の思想・信条を直接推知せしめる事実を記載することは許されないのではないか（芦部）。

ウ）「三菱樹脂事件」（最大判昭48.12.12）（労働関係存在確認請求事件）

　①事実

　　　Xは昭和38年3月東北大学法学部を卒業後、Y（三菱樹脂株式会社）に3か月間の試用期間を設けて採用されたが、入社試験の際に身上書及び面接において、学生運動や生協理事としての活動を秘匿する虚偽の申告をしたことを理由に、試用期間の満了直前に本採用を拒否する通知を受けた。そこで、XはYに対する労働関係存在の確認を求めて出訴した。

　②判旨

　　　［破棄差戻し］

> ①憲法19条・14条は、国または公共団体の統治行動に対して個人に基本的な自由と平等を保障する目的に出たもので、もっぱら国または公共団体と個人との関係を規律するものであり、私人相互の関係を直接規律することを予定したものではない。
> ②私的支配関係において個人の自由・平等に対する具体的な侵害のおそれがある場合は、立法措置による是正、場合によっては私的自治に対する一般的制限である民法1条、90条や不法行為に関する諸規定等の適切な運用によって、一面私的自治の原則*を尊重しながら、他面で社会的許容性の限度を超える侵害に対しては基本的自由や平等の利益を保護し、その間の適切な調整を図る方途も存する。
> ③憲法は、思想、信条の自由や法の下の平等と同時に、「22条、29条等において、財産権の行使、営業その他広く経済活動の自由をも基本的人権として保障している。それゆえ、企業者は、かような経済活動の一環としてする契約締結の自由を有し、自己の営業のために労働者を雇傭するにあたり、いかなる者を雇い入れるか、いかなる条件でこれを雇うかについて、原則として自由にこれを決定できるのであっ

て、企業者が特定の思想、信条を有する者をそのゆえをもって雇い入れることを拒んでも、それを当然に違法としたり、直ちに民法上の不法行為とすることはできない。
④留保解約権に基づく解雇は、通常の解雇と全く同一にではなく、前者については、後者の場合よりも広い範囲における解雇の自由が認められるが、「留保解約権の行使は、解約権留保の趣旨、目的に照らして、客観的に合理的な理由が存し社会通念上相当として是認されうる場合にのみ許される」。原審の判断には、法令の解釈、適用を誤り、その結果審理を尽くさなかった違法がある。

＊［私的自治の原則］＝私法的法律関係に関しては、個人がその自由意思に基づいて自律的に法律関係を形成することができるという原則。
＊差戻審：東京高裁で和解が成立（昭51.3.11）

エ）「君が代伴奏命令合憲判決」（最大判平成19.2.27）（処分取消請求事件）
　①事実
　　音楽教諭X（原告）は、1994（平成6）年4月勤務先の東京都日野市立小学校の入学式で、校長の職務命令に反し、君が代の伴奏を拒んで戒告処分を受けた。そこで、Xは東京都教育委員会を相手取って処分取消しを求める訴えを提起した。上告理由として思想・良心の自由（憲法19条）の侵害されたことを挙げた。
　②判決
　　［上告棄却］

（ア）一般的には、伴奏の職務命令は原告の歴史観、世界観を否定するものではない。
（イ）音楽教諭の伴奏は通常想定され、特定の思想強制や禁止ではない。
（ウ）憲法などで公務員は全体の奉仕者とされ、職務命令には従わなければならない。
（エ）学習指導要領には、国旗国歌の指導が定められ、職務命令は不合理ではなく、思想・良心の自由を侵害せず、憲法19条に反しない。

オ）「日の丸、君が代訴訟」（東地判平18.9.21）（国歌斉唱義務不存在確認請求事件）
　①事実
　　東京都教育庁は、平成10年度より、入学式・卒業式等における国旗掲

揚、国歌斉唱を徹底するよう都立学校長に指導していたが、特に平成15年10月23日に都教育長名で、「入学式、卒業式等における国旗掲揚等及び国歌斉唱の実施について（通達）」を発して、各学校長が教員に対して国旗に対して起立し、国歌を斉唱し、音楽担当教員にはピアノ伴奏をするように職務命令を出すように指示し（「起立・斉唱・伴奏義務」）、平成16年3月及び4月に行われた卒業式及び入学式において、これらの職務命令に従わなかった教員に対して、懲戒処分を行ったほか、再雇用の決定していた教員についてその再雇用を取消す等の措置をとった。

そこで、Xら東京都立学校教員が、①入学式、卒業式等の式典会場において、会場に指定された席で国旗に向かって起立し、国歌を斉唱する義務のないことを確認する、②上記の起立及び国歌斉唱をしないことを理由としていかなる処分もしてはならない、③音楽を担当する原告Xについて、国歌斉唱の際にピアノ伴奏義務のないことを確認する、④上記のピアノ伴奏をしないことを理由とするいかなる処分もしてはならないとの判決を求めた。また、あわせて⑤原告1人当たり3万円の国家賠償を請求したものである。

本判決は、上記①～④の請求については、在職中の原告につき、10・23通達に基づく校長の職務命令に基づく起立、斉唱、伴奏義務に限定してそれを認容し、⑤の国家賠償請求については、原告全員（総勢401名）の請求（1人あたり3万円の賠償）を認容した。

②判決

　　［認容］

(ア) 教職員に対して、一律に起立・斉唱・ピアノ伴奏の義務を課することは、思想・良心の自由に対する制約になる。
(イ) 人の内心領域の精神的活動は外部的行為と密接な関係を有するものであり、これを切り離して考えることは困難かつ不自然であり、入学式・卒業式等の式典において、国旗に向かって起立したくない、国歌を斉唱したくない、或いは国歌をピアノ伴奏したくないという思想・良心をもつ教職員にこれらの行為を命ずることは、これらの思想・良心を有する者の自由を侵害している。

2．信教の自由

憲法20条「①信教の自由は、何人に対してもこれを保障する。いかなる宗教団体も、国から特権を受け、又は政治上の権力を行使してはならない。

　　　　　②何人も、宗教上の行為、祝典、儀式又は行事に参加することを強制されない。

　　　　　③国及びその機関は、宗教教育その他いかなる宗教的活動もしてはならない。」

（1）意義

　宗教を信仰しまたは信仰しないこと、信仰する宗教を選択しまたは変更することについて個人が任意に決定する自由。当初は、明治憲法下におけるような神道教育の排除を目的として設けられた。

　　＊明治憲法28条：「日本臣民ハ安寧秩序ヲ妨ケス及臣民タルノ義務ニ背カサル限ニ於テ信教ノ自由ヲ有ス」
　　＊明治憲法下においては、天皇は人の姿となって現れた神、すなわち現人神（あらひとがみ）であった。そして、天皇は日本という国を創ったとされる天照大御神（あまてらすおおみかみ）の子孫と考えられていた。

（2）内容

1）信仰の自由

　宗教を信仰し、または信仰しない自由をいう。信仰する宗教を選択し、または、変更することについて、個人が任意に決定する自由である。国は、個人に対し信仰の告白を強制したり（「宗門改め」）、あるいは、信仰に反する行為を強制すること（「踏み絵」）は許されない。

2）宗教的行為の自由

　祭壇を設け、礼拝や祈祷を行うなど、宗教上の祝典、儀式、行事その他布教等を任意に行う自由をいう。これには、宗教的行為をしない自由、宗教的

第4章　思想・良心の自由／信教の自由／学問の自由　45

行為への参加を強制されない自由が含まれる。
3）宗教的結社の自由
　　特定の宗教を宣伝し、または共同で宗教的行為を行うことを目的とする団体を結成する自由をいう。結社の自由（憲法21条1項）のうちで、宗教的な結社については、信教の自由の一部として保障されていると解される。

(3) 判例
1)「津地鎮祭事件」（最大判昭52.7.13）（行政処分取消事件）
①事実
　　昭和40年1月、三重県津市の主催により、市体育館の起工式が神職主宰のもとで神式にのっとる地鎮祭として挙行され、市は神官への謝礼、供物代金などの費用として7,663円を公金より支出したが、同市市議会議員Xは、右支出が憲法20条・89条に違反するとして、地方自治法242条の2に基づき市長Yに対して損害補塡(はてん)を求め出訴した（住民訴訟）。

＊［住民訴訟］：住民が、自己の法律上の利益とかかわりなく、地方公共団体の執行機関及び職員の違法な財務会計上の行為及び不作為の是正を求めて争う訴訟。
②判旨
　　［一部上告棄却、一部破棄自判］

①政教分離原則は、国家が宗教的に中立であることを要求するものではあるが、国家が宗教とのかかわり合いをもつことを全く許さないとするものではなく、宗教とのかかわり合いをもたらす行為の目的及び効果にかんがみ、そのかかわり合いが右の諸条件に照らし相当とされる限度を超えるものと認められる場合にこれを許さないとするものである。
②憲法20条3項にいう宗教的活動とは、当該行為の目的が宗教的意義をもち、その効果が宗教に対する援助・助長・促進又は圧迫・干渉等になるような行為をいうものと解すべきである。
③その判断にあたっては、当該行為の主宰者が宗教家であるかどうか、その順序作法（式次第）が宗教の定める方式に則ったものであるかどうかなど、当該行為の外形的側面のみにとらわれることなく、当該行為の行われた場所、当該行為に対する一般人の宗教的評価、当該行為者が当該行為を行うについての意図、目的及び宗教

的意識の有無、程度、当該行為の一般人に与える効果、影響等、諸般の事情を考慮し、社会通念に従って、客観的に判断しなければならない。
④以上の見地に立って、本件起工式を検討すると、それは宗教とのかかわり合いをもつものであることは否定できないが、その目的は建築着工に際し土地の平安堅固、工事の無事安全を願い、社会の一般的慣習に従った儀礼を行うという専ら世俗的なものと認められ、その効果は神道を援助、助長、促進し又は他の宗教に圧迫、干渉を加えるものとは認められないのであるから、憲法20条3項により禁止される宗教的活動にはあたらないと解するのが相当である。

＊［目的効果基準］：宗教的活動とは、当該行為の目的が宗教的意義をもち、その効果が宗教に対する援助・助長・促進または圧迫・干渉等になるような行為をいう。

2)「愛媛県玉串料訴訟」（最大判平9.4.2)（損害賠償代位請求事件）
①事実

愛媛県は昭和56年から同61年にかけて、靖国神社に対し春秋の「例大祭」に奉納する玉串料として9回にわたり計45,000円を、夏の「みたま祭」に奉納する献灯料として4回にわたり計31,000円を、また県護国神社に対し春秋の「慰霊大祭」に奉納する供物料として9回にわたり計90,000円を、それぞれ県の公金から支出した。これらの支出につき、愛媛県の住民（X）らは憲法20条3項、89条等に違反するとして、靖国神社への右支出については知事（Y_1）及びその委任によりこれを行った職員（Y_2：東京事務所長）に対し、護国神社への右支出については知事及び専決権限に基づきこれを行った職員（Y_3：老人福祉課長）に対し、地方自治法242条の2第1項4号に基づき、県に代位してそれぞれ当該支出額相当の損害賠償を求める住民訴訟を提起した。

②判旨
［一部破棄自判、一部棄却］

①祭祀は、神社神道における中心的な宗教上の活動であり、例大祭及び慰霊大祭は、各神社の恒例の祭祀中でも重要な意義を有し、みたま祭は靖国神社の祭祀中最も盛大な規模で行われ、いずれも神道の祭式にのっとって行われる儀式を中心とす

るものであって、各神社が宗教的意義を有すると考えていることが明らかなものである。
② 一般に、神社自体がその境内において挙行する恒例の重要な祭祀に対して右のような玉串料等を奉納することは、建築主が主催して建築現場において行う儀式である起工式とは異なり、その宗教的意義が希薄化し、慣習化した社会的儀礼にすぎないものになっているとまで到底いうことができず、一般人が本件玉串等の奉納を社会的儀礼の一つにすぎないと評価しているとは考え難い。玉串等の奉納者においても、それが宗教的意義を有するものであるという意識を大なり小なり持たざるを得ない。
③ これらのことからすれば、地方公共団体が特定の宗教団体に対してのみ、本件のような形で特別のかかわり合いを持つことは、一般人に対して、県が当該特定の宗教団体を特別に支援しており、それらの宗教団体が他の宗教団体とは異なる特別のものであるとの印象を与え、特定の宗教への関心を呼び起こすものといわざるを得ない。
④ 以上の事情を総合的に考慮して判断すれば、本件玉串料等の奉納は、その目的が宗教的意義をもつことを免れず、その効果が特定の宗教に対する援助、助長、促進になると認めるべきであり、これによってもたらされる県と靖国神社等とのかかわり合いがわが国の社会的・文化的諸条件に照らし相当とされる限度を超えるものであって、憲法20条3項の禁止する宗教的活動に当たると解するのが相当である。また、本件支出は、憲法89条の禁止する公金の支出に当たり、違法というべきである。

＊［要約］：玉串料等の奉納は、慣習化した社会的儀礼にすぎないとは解されず、上記［目的効果基準］からして、憲法20条3項の禁止する宗教的活動にあたり、また憲法89条の禁止する公金の支出にあたり違法である。

3．学問の自由

憲法23条「学問の自由は、これを保障する。」

（1）意義

　個人の人権としての学問の自由のみならず、特に大学における学問の自由を保障することを趣旨としたものであり、それを担保するための「大学の自治」の保障を含んでいる。

(2) 内容

1) 学問研究の自由

　学問は自由に行われることによってのみ真理の発見・探究が可能となる。これは、内面的精神活動の自由であり、思想の自由の一部を構成するといえる。

2) 研究発表の自由

　研究の結果を発表できなければ研究自体が無意味に帰する。したがって、学問の自由は、当然に研究発表の自由を含むと解される。これは、外面的精神活動の自由であり、表現の自由の一部と捉えられる。

3) 教授の自由

　大学その他高等教育機関における教授の自由は、学問の自由にふくまれる。研究と教授とは不可分であり、両者の自由が保障されて初めて学問の自由が成立するといえるからである。しかし、教育の自由は、大学やその他の高等教育機関だけでなく、小中高校のような初等中等教育機関においても認められるかが問題となる。これについては、初等・中等教育における教育の特性や児童・生徒の批判・判断能力等を考慮すると一定の制限があると解される。(4) で取り上げる「旭川学テ事件」判決が参考になる。

(3) 大学の自治

学問研究の自主性の要請に基づく「制度的保障」として、「大学の自治」が認められる。その内容としては、以下の事項が考えられる。

1) 内容

　大学の自治とは、①学長、教授、その他の研究者の人事の自治、②施設・学生の管理の自治、③予算管理の自治をいう。

　いずれの事項についても、大学の自主的判断に基づいて行われるべきで、国家権力の介入は認められない。

2) 大学の自治と警察権との関係

　学問の自由・大学の自治との関係で、警察権力の学内への導入が問題となる。その際、次の点に留意するべきである。

①大学は治外法権の場ではないが、捜査に名をかりて警備公安活動が行われるおそれなしとしないので、捜査は大学関係者の立ち会いの下で行われるべきである。

②原則として、警察力を学内に出動させるかどうかの判断は、大学側の責任ある決断によるべきである。したがって、警察が独自の判断に基づいて大学内に入構することは、大学の自治の保障の趣旨に反するとみるべきである。

＊［警備公安活動］：公共の安寧秩序を保持するため、犯罪の予防及び鎮圧に備えて各種の情報を収集・調査する警察活動

（4）判例

1）「旭川学テ事件」（最大判昭51.5.21）（公務執行妨害、建造物侵入、暴力行為等処罰に関する法律違反被告事件）

①事実

　昭和31年から10年間、文部省の指示によって全国の中学2・3年生を対象に実施された全国中学校一斉学力調査（学テ）について、これに反対する教師Xら（被告人）が、旭川市立永山中学校において学テの実力阻止に及んだ。Xらは、同中学校校長らに対して学テ中止の説得を行い、説得に耳を貸さない学力調査立会人（市教委事務員）には出室を阻止し、教室を見回る校長には暴行脅迫を加えた。そこで、Xらは公務執行妨害罪等で起訴された。

　第1審判決は、建造物侵入罪と共同暴行罪の成立は認めたが、公務執行妨害罪については、学テは違法でありかつその違法性がはなはだしいとしてその成立を否定した。第2審判決も1審判決を支持し双方からの控訴を棄却した。そこで、検察官及びXら被告人双方から上告した。Xらは、上告理由として、本件学テは学問の自由（憲法23条）、教育を受ける権利（憲法26条）の侵害及び教育基本法（旧法）の教育の目的（法1条）、方針（法2条）、教育行政の目標と限界（法10条）等を蹂躙するものであること

等を挙げた。
②判旨
　　［一部上告棄却、一部破棄自判］

> ①憲法26条論：自ら学習することのできない子どもは、その学習要求を充足するための教育を自己に施すことを大人一般に対して要求する権利を有するとの観念が存在していると考えられる。換言すれば、子どもの教育は、教育を施す者の支配的権能ではなく、何よりもまず、子どもの学習する権利に対応し、その充足をはかりうる立場にある者の責務に属するものと考えられている。
> ②憲法23条論：学問の自由は、単に学問研究の自由ばかりでなく、その結果を教授する自由をも含むと解されるし、さらにまた、専ら自由な学問的探求と勉学を旨とする大学に比してむしろ知識の伝達と能力の開発を主とする普通教育の場においても、例えば教師が公権力によって特定の意見のみを教授することを強制されないという意味において、また子どもの教育が教師と子どもとの間の直接の人格的接触を通じ、その個性に応じて行われなければならないという本質的要請に照らし、教授の具体的内容及び方法につきある程度自由な裁量が認められなければならないという意味においては、一定の範囲における教授の自由が保障されるべきことを肯定できないではない。
> 　しかし、大学教育の場合には、学生が一応教授の内容を批判する能力を備えていると考えられるのに対して、普通教育においては児童生徒にこのような能力がなく、教師が児童生徒に対して強い影響力、支配力を有することを考え、また、普通教育においては子どもの側に学校や教師を選択する余地が乏しく、教育の機会均等等をはかる上からも全国的に一定の水準を確保すべき強い要請があること等に思いをいたすときは、普通教育における教師に完全な教授の自由を認めることはとうてい許されないところといわなければならない。

2）「ポポロ事件（最大判昭38.5.22）（暴力行為等処罰に関する法律違反被告事件）
　①事実
　　　昭和27年2月20日、東大法文25番教室において、同大学公認の学生団体「ポポロ劇団」が松川事件をテーマとして演劇「何時の日にか」の上演を行った。この演劇発表会場に本富士署警備係の私服警察官4人が潜入していたのを学生が発見し、うち3人をつるし上げ、謝罪文を書かせた。被告人Yは、その際洋服の内ポケットから紐を引きちぎって警察手帳を奪う

など、暴行を加えたという理由で、暴力行為等処罰法1条＊1項違反として起訴された。

　第1審の東京地裁は、警察官の本件学内立入行為は、その職務権限の範囲を逸脱した継続的違法行為の一環として行われたもので、Yの行為は学問の自由と大学の自治に対する違法な侵害行為を排除し阻止するという意味をもつ正当な行為であるとして、被告人Yを無罪とした。控訴審の東京高裁も第1審とほぼ同様な理由で、検察官の控訴を棄却した。

②判旨
　　［破棄差戻し］

①憲法23条の学問の自由は、学問研究の自由と研究結果の発表の自由を含むが、教育ないし教授の自由は必ずしも学問の自由に含まれない。但し、大学については、その本質、憲法の趣旨および学校教育法52条＊から、教授の自由も保障される。
②大学における学問の自由を保障するために、伝統的に大学の自治＊が認められている。その自治は、大学が学術の中心として深く真理を探究し、専門の学芸を教授研究することを本質とすることに基づくから、直接には、(i)教授その他の研究者の研究、(ii)その結果の発表、(iii)研究結果の教授の自由とこれらを保障するための(iv)自治とを意味する。大学の施設と学生は、これらの自由と自治の効果として、施設が大学当局によって自治的に管理され、学生も学問の自由と施設の利用を認められるのである。
③学生の集会が真に学問的な研究またはその結果の発表のためのものでなく、実社会の政治的社会的活動に当る行為をする場合には、大学の有する特別の学問の自由と自治は享有しない。
④本件集会は、真に学問的な研究と発表のためのものではなく、実社会の政治的社会的活動であり、かつ公開の集会またはこれに準じるものであって、大学の学問の自由と自治は、これを享有しないといわなければならない。従って、本件集会に警察官が立ち入ったことは、大学の学問の自由と自治を侵すものではない。

＊暴力行為等処罰ニ関スル法律1条：「団体若ハ多衆ノ威力ヲ示シ、団体若ハ多衆ヲ仮装シテ威力ヲ示シ又ハ兇器ヲ示シ若ハ数人共同シテ刑法第208条、第222条又ハ第261条ノ罪ヲ犯シタル者ハ3年以下ノ懲役又ハ30万円以下ノ罰金ニ処ス」
＊学校教育法52条：「大学は、学術の中心として、広く知識を授けるとともに、深く専門の学芸を教授研究し、知的、道徳的及び応用的能力を展開させることを目的としている。」

＊［大学の自治］：ヨーロッパ中世以来の伝統に由来し、大学における研究教育の自由を十分に保障するために、大学の内部行政に関しては大学の自主的な決定に任せ、大学内の問題に外部勢力が干渉することを排除しようとするものである。

[資料]

〔用語の意味〕
1 思想・良心：思想＝論理的・知的観点からみた内面的精神活動。良心＝倫理的・主観的価値からみた内面的精神活動。とくに両者を区別する必要はない（通説・判例）。
2 意思表示：一定の法律効果の発生を欲する意思を外部に対して表示する行為。意志表示とは法律上は記さない。
3 宗教：超自然的、超人間的本質（すなわち、絶対者、造物主、至高の存在等、なかんずく、神、仏、霊等）の存在を確信し、畏敬崇拝する心情と行為（津地鎮祭事件第2審名古屋高判、昭46.5.14）。
4 強制執行：国家権力の執行機関が、私法上の請求権の強制的実現を図る手続。
5 代替執行：債務者が債務を履行しない場合に、債権者が裁判所の裁判に基づき第三者にこれを行わせ、その費用を債務者から強制的に徴収する強制執行（民414②③、民執171）。
6 担保：広くは将来、人に与えるであろう不利益の補いとなるもの、またはその補いをつけることをいう。また一般的には保証の意味で用いることがある。
7 制度的保障：憲法の規定の中には、個人の基本的人権には属さないが、一定の制度を保障することによって、内容上国民の権利を保障する形となる規定があり、これを制度的保障という。
8 玉串料：榊の枝に木綿または紙垂（たれ下げる紙）をつけたものを玉串と言い、神道では神を拝するときに神前にささげるが、そのために要する費用。
9 民法723条（名誉毀損における原状回復）：他人の名誉を毀損した者に対しては、裁判所は、被害者の請求により、損害賠償に代えて、又は損害賠償とともに、名誉を回復するのに適当な処分を命ずることができる。
10 住民訴訟：住民が自己の法律上の利益にかかわりなく、地方公共団体の執行機関および職員の違法な財務会計上の行為および不作為の是正を求めて争う訴訟。
11 松川事件：昭和24年8月7日午前3時頃、東北線金谷川、松川間のカーブで先頭の機関車が脱線転覆し、それに続く数車両も脱線し、機関車の乗務員の機関士ほか2名が惨死した。現場の線路は、レールの接ぎ目板がはずされ、枕木の犬釘が抜かれていた。自然事故ではないことは明らかであった。当時、国鉄でも東芝松川工場でも人員整理反対闘争が行われていたので、この両方の仕業とされ、検察側は、国鉄側・東芝側各10名を逮捕起訴した。しかし、昭和38年9月19日に最高裁は検事上告を棄却し、事件から15年目に全員の無罪が確定した。

択一問題（第4回）

次の記述のうち、誤っているものの記号を1つ記せ。

ア．最高裁は、謝罪広告を新聞紙上に掲載することを命じる判決は、単に事態の真相を告白し陳謝の意を表明するにとどまり、違憲ではないと判示した。

イ．「三菱樹脂事件」判決で最高裁は、私人間の法律関係には憲法規定は直接適用されず、民法1条、90条や不法行為に関する規定等の運用により、間接的に憲法の規定の趣旨が適用されると述べた。

ウ．「君が代」伴奏命令に関する訴訟では、最高裁と地裁とでは異なった判決が出されており、最高裁は音楽教諭の「君が代」伴奏は、入学式等においては通常想定され、特定の思想強制や禁止ではなく、憲法19条には反しないと判示した。

エ．津地鎮祭事件判決で、最高裁はいわゆる目的効果基準を採り、津市の神官への謝礼等の支出は世俗的なものとは認められず、憲法20条3項に反すると述べた。

オ．愛媛県玉串料訴訟では、愛媛県の靖国神社および県護国神社への玉串料・供物料等の支出は、目的効果基準から判断すると、県と靖国神社等とのかかわり合いが相当な限度を超えており、憲法20条・89条に反し違法であると判示した。

第5章
表現の自由

1．表現の自由

憲法21条「①集会、結社及び言論、出版その他一切の表現の自由は、これを保障する。」

（1）意義
　内心の決定（思想・情報）を何らかの外形的手段を借りて表に現す自由をいう。国民が自ら政治に参加するための不可欠の前提をなす人権であり、国民主権と直結する性質を有する。ただ、外部に公表する精神活動の自由（外面的精神的自由）であるために、他の権利・自由との衝突が生じる恐れがあり、両者の調整が必要となるという特徴がある。

（2）価値
　表現の自由を支える価値として次のものが考えられる。
1）個人的価値（自己実現の価値）：個人が言論活動を通じて自己の人格を発展させるという価値をいう。
2）社会的価値（自己統治の価値）：言論活動によって国民が政治的意思決定に関与するという民主政に資する社会的価値をいう。

2．表現の自由と知る権利

20世紀になるとマス・メディアが発達し、情報の「送り手」であるマス・メディアと情報の「受け手」である一般国民の分離が顕著になった。そこで、表現の自由を一般国民の側から再構成し、表現の受け手の自由（聞く自由・読む自由・視る自由）を保障するため、それを「知る権利」と捉えることが必要になった。

［知る権利の法的性格］：複合的権利としての性格をもち、次の3つの側面が考えられる。

① 自由権的側面：「国家からの自由」という側面では、情報を受けることを妨げられないことを意味する。
② 参政権的側面：「国家への自由」という側面では、個人はさまざまな事実や意見を知ることによってはじめて政治に有効に参加することができることを意味する。
③ 社会権的側面（国務請求権）：「国家による自由」という側面では、積極的に政府情報等の公開を要求することのできる権利、すなわち情報に接近するアクセス権を意味する。1999年に成立した「行政機関の保有する情報の公開に関する法律（情報公開法）」（2001年4月施行）は、知る権利のこのような要求に基づくものである。なお、アクセス権は、マス・メディアに対する知る権利、すなわち、マス・メディアに対し自己の意見（反論・批判等）を発表する場（紙面・番組参加等）を提供してくれるように要求する権利の意味で用いられることが多い。ただ、その場合、憲法の私人間への効力の問題が生じる。

◎特定秘密保護法と「知る権利」・「報道の自由」

安倍内閣の主導の下、「特定秘密保護法」が2013年12月6日に成立し、同年12月13日に公布、2014年12月10日より施行された。「特定秘密」とは、①防衛、②外交、③スパイ活動防止、④テロ防止の分野で、「自衛隊の訓練又は演習」「国民の生命及び身体の保護」などの55項目が該当するとしている。本法

律が何よりも重要な点は、憲法上保障されている国民の「知る権利」および次に述べる「報道の自由」が侵害されるのではないかという問題である。政府が国民に知らせたくないと思われる情報は「特定秘密」に指定しておけば国民は、何が「特定秘密」に指定されたかさえも知ることができない。「特定秘密」の指定は原則では5年で解除されることになっているが、秘密指定機関（外務省・防衛省・警察庁等19機関）の判断で30年間延長できるし、さらに同様の判断で60年まで延長できる。「暗号」などは半永久的に秘密にできることになっている。政府によると不正な秘密指定をチェックする機関として、内閣府に「独立公文書管理監」を設け検事をあてるとしているが、管理監は内閣が任命するわけであり、真に客観的なチェックがなされるか疑問視されている。大多数の国民の反対にもかかわらず成立・施行された法律だけに、「特定秘密保護法」のもつ意味を特に憲法との関係でよく洞察し、国民は本法律の運用を注視していかなければならない。

3．報道の自由 ──表現の自由の保障──

［趣旨］国民が政策決定に参加するためには、国民が自由に自主的に思想を形成せねばならならず、事実の報道は不可欠であり、表現の自由を保障する基礎である。

①国民の知る権利に奉仕するものとしての報道の自由
②報道機関自身の思想の自由
③素材を収集する自由（取材の自由）：報道の自由と密接不可分な目的・手段の関係に立ち、取材の自由も憲法で保障されているとみるべきである。

4．取材の自由

「報道の自由に取材の自由および取材源（ニュースソース）秘匿の自由が含まれるか」が問題となる。取材源の秘匿と表現の自由の問題である。

(1) 判例

①「博多駅事件」最大判（昭44.11.26）「報道のための取材の自由も憲法21条の精神に照らし、十分に尊重に値する。」（後述）

②「石井記者事件」（最大判昭27.8.6）「表現するべき内容を作り出すための取材に関しその取材源について、公の福祉のために最も重大な司法権の公正な発動につき必要欠くべからざる証言の義務をも犠牲にして、証言拒絶の権利までも保障したものではない。」

＊刑訴法149条「医師、歯科医師、助産婦、看護師、弁護士、弁理士、公証人、宗教の職にある者又はこれらの職に在った者は、業務上委託を受けたため知り得た事実で他人の秘密に関するものについては、証言を拒むことができる。」

(2) 取材の自由の性格

1) 知る権利の前提：事実の正確な報道が知る権利の前提として不可欠である。
2) 取材の自由と報道の自由との関係：報道の自由には取材の自由が不可欠である。
3) 報道行為への不介入：報道行為は、①取材→②編集→③発表 の過程を経て国民に情報を発信するものであるが、どの段階においても公権力の介入は許されない。さらに、取材活動は公権力の介入から自由でなければならず、報道機関と情報提供者との信頼関係が十分に確保されなければならない。それによってこそ国民の知る権利が充たされると言える。
4) 取材活動の制約：しかし、取材活動にも制約がある。それは、取材活動に本来備わる内在的制約ともいうべきものであり、すべてのニュースソースに無制限に近づけるものではない。個人のプライバシー保護を考えてみれば、容易に理解できることであろう。

(3) 取材源秘匿の自由

1) 通　説：重要な自由だが憲法21条に含まれていると当然にみるべきではなく、立法政策の問題であるとする。
2) 芦部説：取材の自由を表現の自由として憲法上保障されていると考える以

上、その前提として、素材の提供者と取材者との信頼関係は法的に保障されていると考えるべきである。

(4) 取材源に係る証言拒絶と取材の自由（最高裁平成18年10月3日第三小法廷決定）（重判平18-憲法8事件）

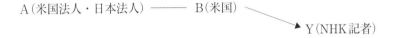
A（米国法人・日本法人）──── B（米国）
　　　　　　　　　　　　　　　　　↘ Y（NHK記者）

①事実

A（抗告人）は、米国州法に基づく法人とその日本法人である。NHKは、ニュースの中で、Aが巨額の所得隠しを行い、国税庁が追徴課税をしたことなどを報じた（以下「本件NHK報道という」）が、これは米国内においても報道された（以下「本件報道」という）。こうした報道に対してAらは、米国の国税当局の職員が、日米同時税務調査の過程で、日本の国税庁の税務官に対し日本の報道機関に違法に情報を漏洩すると知りながら情報を開示したことにより、税務官が情報源となって本件報道がされ、Aらが損害を被ったとして、米国を相手取り、米国連邦地方裁判所に対して本件事件の訴えを提起した。

本件基本事件は開示（ディスカバリー）の手続中であるところ、上記連邦地方裁判所は、今後の事実審理（トライアル）のために必要であるとして、国際司法共助により、日本の裁判所に対し、本件NHK報道に係る取材を行ったNHK記者Y（相手方）の証人尋問実施を嘱託した。

上記嘱託に基づき証人尋問が実施されたが、Yは質問事項のうち、本件NHK報道の取材源の特定に関するものについては、民訴法197条1項3号にいう「職業の秘密」に当たるとして証言を拒絶した（以下「本件証言拒絶」という）。

原々審（新潟地決平成17・10・11）及び原審（東京高決平成18・3・17）ともに本件証言拒絶には理由があるとしたので、Aらは許可抗告の申し立てをした。

②決定要旨［抗告棄却］
1）取材源の秘密は、民訴法197条1項3号の「職業の秘密」にあたる。
　　報道関係者の取材源は、一般に、それがみだりに開示されると、報道関係者と取材源となる者との間の信頼関係が損なわれ、将来にわたる自由で円滑な取材活動が妨げられることとなり、報道機関の業務に深刻な影響を与え以後その遂行が困難となると解されるので、取材源の秘密は職業の秘密にあたるというべきである。
2）取材の自由も、憲法21条の精神に照らし、十分尊重に値する。取材源の秘密は、取材の自由を確保するために必要なものとして、重要な社会的価値を有するというべきである。そうすると、①当該報道が公共の利益に関するものであって、②その取材の手段、方法が一般の刑罰法令に触れるとか、③取材源となった者が取材源の秘密の開示を承諾しているなどの事情がなく、しかも、④当該民事事件が社会的意義や影響のある重大な民事事件であるため、当該取材源の秘密の社会的価値を考慮してもなお公正な裁判を実現すべき必要性が高く、そのために当該証言を得ることが必要不可欠であるといった事情が認められない場合には、当該取材源の秘密は保護に値すると解すべきであり、証人は、原則として、当該取材源に係る証言を拒絶できると解するのが相当である。
⇒ 本件については、上記のような事情は認められないとして、本件証言には正当な理由があるとされた。本決定は、取材源の秘匿のための民事訴訟における記者の証言拒絶の可否についての古くからの憲法上および民事訴訟法上の問題について最高裁として初めて実体判断を行い、証言拒絶を容認したものである。
3）結　論：取材の自由は、上述したように、国民の知る権利に奉仕するものとしての報道の自由にとって不可欠である実態を有する。このことを考えると、取材の自由が真に確保されるためには、取材源秘匿の自由も憲法21条の表現の自由の保障の下にあると一歩踏み込んで解するのが、民主政における表現の自由の不可欠性の観点からも妥当である。取材源秘匿の自由が憲法上保障されなければ、取材の自由も報道の自由も真に成立せず、ひいて表現の

自由が保障されないからである。

5．検閲

憲法21条「②検閲は、これをしてはならない。通信の秘密は、これを侵してはならない。」

（1）意義
公権力が外に発表されるべき思想内容をあらかじめ審査し、不適当と認めるときは、その発表を禁止する行為をいう。

検閲の主体は公権力、主として行政権である。裁判所による言論の事前差止めも検閲の問題となるが、裁判所による場合は、その手続きが公正な法の手続きによるものであるから、行政権による検閲とは異なり、例外的場合（例えば、公表されると人の名誉・プライバシーに取り返しがつかないような重大な損害が生じる）には、厳格かつ明確な要件の下で許されることがある。

（2）検閲の対象
従来、思想内容と解されたが現代社会においては、広く表現内容と解するのが妥当であろう。新聞の誤字に対する審査なども、検閲の問題となる。また、「輸入書籍・図画等の税関検査」も検閲に当たるか否かが問題となる。

6．「明白かつ現在の危険（clear and present danger）」の基準
（1）意義
ある表現行為が、社会に対して実質的な害悪を引き起こす、明らかに差し迫った危険がある場合にはじめて、その表現行為を制約することが許されるとする、きわめて厳格な違憲審査の基準をいう。これは、表現の自由の「優越的地位」に由来し、精神的自由の規制立法と経済的自由の規制立法の違憲審査基準とは異なるとする「二重の基準」理論に基づくものである。

（2）要件
1）危険の明白性：ある表現行為が近い将来、ある実質的害悪を引き起こす蓋然性が明白であること。
2）危険の重大性・切迫性：その実質的害悪が極めて重大であり、その重大な害悪の発生が時間的に切迫していること。
3）手段の必要性：当該規制手段が当害悪を避けるのに必要不可欠であること。

7．判例

1）「博多駅事件」（最大判昭44.11.26）（取材フィルム提出命令事件）
　①事実
　　　1968（昭和43）年1月、米原子力空母エンタープライズの佐世保港寄港反対闘争に参加した学生と機動隊員とが博多駅付近で衝突し、機動隊側に過剰警備（特別公務員暴行凌虐罪、公務員職権濫用罪）があったとして護憲連合等は福岡地検に告発をした。しかし、不起訴処分となったので、福岡地裁に付審判*請求（刑訴法262条）を行った。福岡地裁は、テレビ放送会社（RKB毎日、NHK等）に衝突の模様を撮影したテレビフィルムを証拠として提出するよう命じたが、放送会社はその命令*が表現の自由（報道の自由）を保障した憲法21条に違反する等の理由により、取消しを求めて福岡高裁に抗告*したが棄却された。そこで、放送会社は特別抗告*をした。
　＊［付審判］：公務員の職権濫用罪について告訴又は告発した者が検察官の不起訴処分に不服があるとき、事件を裁判所の審判に付することを求める手続きをいう。
　＊［特別抗告］：ほかに不服申立手段のない決定・命令に対して、最高裁判所へ申し立てる抗告をいう。原裁判の憲法違反、憲法解釈の誤り又は判例違反を理由とする場合に認められる。
　＊［抗告］：決定又は命令という裁判に対する上級裁判所への不服申立方法をいう。
　＊［決定・命令］：裁判所のする裁判で判決以外のものを決定といい、個別の裁判官が、その資格で行う裁判を命令という。

　②判旨
　　　［棄却］

① 報道機関の報道は、民主主義社会において、国民が国政に関与するにつき、重要な判断の資料を提供し、国民の「知る権利」に奉仕するものである。したがって、思想の表明の自由とならんで、事実の報道の自由は、表現の自由を規定した憲法21条の保障のもとにあることはいうまでもない。また、このような報道機関の報道が正しい内容をもつためには、報道の自由とともに、報道のための取材の自由も憲法21条の精神に照らし十分に尊重に値するものといわなければならない。
② しかし、取材の自由といっても、もとより何らの制約を受けないものではなく、たとえば公正な裁判の実現というような憲法上の要請があるときは、ある程度の制約を受けることのあることも否定することができない。公正な刑事裁判の実現を保障するために、報道機関の取材活動によって得られたものが、証拠として必要と認められる場合には、取材の自由がある程度の制約をこうむることとなっても止むを得ないところというべきである。
③ 一面において、審判の対象とされている犯罪の性質、態様、軽重および取材したものの証拠としての価値、ひいては公正な刑事裁判を実現するにあたっての必要性の有無を考慮するとともに、他面において、取材したものを証拠として提出させられることによって報道機関の取材の自由が妨げられる程度およびこれが報道の自由に及ぼす影響の度合その他諸般の事情を比較衡量して決せられるべきである。
④ 本件では、本事件の現場を中立的な立場から撮影した報道機関の本件フィルムが証拠上極めて重要な価値を有し、被疑者らの罪責の有無を判定する上に、ほとんど必須のものと認められる状況にある。他方、本件フィルムは、すでに放映されたものを含む放映のために準備されたものであり、それが証拠として使用されることによって報道機関がこうむる不利益は、報道の自由そのものではなく、将来の取材の自由が妨げられるおそれがあるというにとどまるのであって、この程度の不利益は、報道機関の立場を十分尊重すべきものとの見地に立ってもなお、受忍されなければならない程度のものというべきである。

2)「西山記者事件」(最決昭53.5.31)(国家公務員法違反被告事件)
　① 事実
　　1971年6月に調印された沖縄返還協定に関する外務省の極秘電文を毎日新聞記者Yが外務省の女性事務官Aから入手し、社会党（当時）議員に流したため、事務官は国家公務員法100条1項（秘密を守る義務）違反、記者は同111条（秘密漏示そそのかし罪）違反に問われたものである。
　　第1審の東京地裁はA事務官を有罪（確定）、Y（西山記者）を取材目的による正当行為として無罪とした。検察官の控訴を受けた東京高裁は、1

審判決を覆しYを有罪とした。
②決定要旨
　　［棄却］

①報道の自由は、憲法21条が保障する表現の自由のうちでも特に重要なものであり、報道のための取材自由もまた、憲法21条の精神に照らし、十分尊重に値するものといわなければならない。
②報道機関が取材の目的で公務員に対し秘密を漏示するようにそそのかしたからといって、そのことだけで直ちに当該行為の違法性が推定されるものではない。そのそそのかしが、真に報道の目的からでたものであり、その手段・方法が法秩序全体の精神に照らし相当なものとして社会観念上是認されるものである限りは、実質的に違法性を欠き正当な業務行為というべきである。
③しかし、取材の手段・方法が、一般の刑罰法令に触れる行為を伴う場合は勿論、一般の刑罰法令に触れないものであっても、取材対象者の個人としての人格の尊厳を著しく蹂躙する等法秩序全体の精神に照らし社会観念上是認することのできない態様のものである場合にも、正当な取材活動の範囲を逸脱し違法性を帯びるものといわなければならない。
④本件についてみると、Xは当初から秘密文書を入手するための手段として利用する意図で、Aと肉体関係をもち、同女が右関係のためXの依頼を拒み難い心理状態に陥ったことに乗じて秘密文書を持ち出させたが、取材対象者であるAの個人としての人格の尊厳を著しく蹂躙したものといわざるをえず、このようなXの取材行為は、その手段・方法において法秩序全体の精神に照らし社会観念上、到底是認することのできない不相当なものであるから、正当な取材活動の範囲を逸脱しているものというべきである。

3）「札幌税関事件」（最大判昭59.12.12）（輸入禁制該当通知処分等取消請求事件）
①事実
　　X（原告）は、外国商社に8ミリフィルム・書籍等を注文し、郵便でこれを輸入しようとしたところ、Y_1（函館札幌税関支署長）から、本件物件は男女の性器、性交行為等を描写したもので、関税定率法21条1項3号所定の輸入禁制品（「公安又は風俗を害すべき書籍、図画、彫刻物その他の物品」）に該当する旨の通知を受けたため、Y_2（函館税関長）に対し、同条4項（現関税法89条）に基づく異議の申出をしたが、棄却された。XはY_1・

Y_2に対し通知及び異議棄却決定の取消を求めて訴えを提起した。

第1審は、本件通知及び決定処分は検閲に該当するとしてXの請求を認容した。Y_1・Y_2は控訴。第2審は、第1審判決を取り消し、Xの請求を棄却。これに対して、Xが上告した。

②判旨

　　［棄却］

(1) 21条2項前段との関係——税関検査は、「検閲」には該当しない。
　①輸入を禁止される表現物は、国外において既に発表済みのものであるし、税関により没収・廃棄されるわけではないから、発表の機会が事前に全面的に奪われる訳ではない。
　②税関検査は、関税徴収手続に付随して行われるもので、思想内容等それ自体を網羅的に審査し、規制することを目的とするものではない。
　③税関長の通知がされたときは司法審査の機会が与えられているのであって、行政権の判断が最終的なものとされているわけではない。
(2) 21条1項（表現の自由）と税関検査について
　①わいせつ表現物がみだりに国外から流入することを阻止することは、公共の福祉に合致する。また、健全な性風俗を実効的に維持するためには、単なる所持目的かどうかを区別することなくその流入を一般的に水際で阻止することも止むを得ない。
　②定率法にいう「風俗を害すべき書籍、図画」等とはわいせつな書籍等のみを指すものと限定解釈しうる。わいせつ性の概念は、刑法175条に関する判例の蓄積により明確化されており、同規定は広汎または不明確の故に違憲無効ということはできず、憲法21条1項に違反しない。

4)「新潟県公安条例事件」（最大判29.11.24）（新潟県条例4号＊違反被告事件）
　①事実

被告人Xは共産党地区委員会の書記、Yは朝鮮民主青年連盟長野支部副委員長であったが、昭和24年4月8日新潟県中頸城地区警察庁舎正面付近において、在住朝鮮人等に対する密造酒被疑事件の一斉検挙により逮捕された30数名の全部即時釈放要求を大衆の力で貫徹せんと、朝鮮人など約200〜300名位と共に高田市公安委員会の許可を受けないで、公衆の自由に交通できる場所である同署前の空地及び同署前の県道等を占拠して、Xは

「赤旗」の歌を合唱して気勢を挙げるなど群衆を指導し、Yは大衆を団結し、又指揮してスクラムを組ませ、朝鮮開放歌の合唱を指導して気勢を挙げるなど群衆を指導して公衆の集団示威運動を行ったものである。この行為が昭和24年新潟県条例第4号違反として起訴されたものである。

＊［新潟県条例第4号］：(第1条)「行列行進又は公衆の集団示威運動（徒歩又は車両で道路公園その他公衆の自由に交通することができる場所を行進し又は占拠しようとするもの。以下同じ）はその地域を管轄する公安委員会の許可を受けないで行ってはならない。」
(第4条)「公安委員会はその行列又は示威運動が公安を害する虞（おそれ）がないと認める場合は開始日時の24時間前までに許可を与えなければならない。
②前項の許可には、公安委員会が集団の無秩序又は暴力行為に対し公衆を保護する為必要と認める条件を附することができる。」

②判旨
　　［棄却］

①地方公共団体の制定する公安条例＊が、行列進行または公衆の集団示威運動につき、単なる届出制を定めることは格別、一般的な許可制を定めてこれを事前に抑制することは、憲法の趣旨に反する。
②しかし、公共の秩序を保持し、または公共の福祉が著しく侵されることを防止するため、特定の場所または方法につき、合理的かつ明確な基準の下に、これらの行動をなすにつき予め許可を受けしめ、又は届出をなさしめて、このような場合にはこれを禁止することができる旨の規定を設け、さらにまた、これらの行動について公共の安全に対し明らかな差し迫った危険を及ぼすことが予見されるときは、これを許可せずまたは禁止することができる旨の規定を設けても、これをもって直ちに憲法の保障する国民の自由を不当に制限するものということはできない。

＊［公安条例］：公共の秩序維持のために、国民の集会、集団行進、集団示威運動を規制する条例。この条例は集会等を事前に規制する行政警察法規である。規制の態様としては、事前の届出を義務づけるものと許可を必要とするものと2つのタイプがある。

8．性表現と名誉毀損的表現

(1) 問題点

性表現と名誉毀損的表現は、わいせつ文書頒布・販売罪とか名誉毀損罪が刑法に定められているので、従来は、憲法で保障された表現の範囲に属さないと考えられてきた。しかし、近年これらの表現も「表現の自由」に含まれると解し、わいせつ文書ないし名誉毀損の概念の決め方それ自体を憲法論として検討し直す考えが有力となっている。

⇒ そこで、わいせつとは何か、名誉毀損とは何か、概念を厳しくしぼっていく、いろいろな要件を考量して定義をしぼっていくことが必要である。

(2) 判例

1) 「チャタレイ事件判決」(最大判昭32.3.13) (猥褻文書販売被告事件)
　①事実

　　被告人Xは、出版社社長として、D.H.ロレンスの著作「チャタレイ夫人の恋人」の翻訳出版を企画し、被告人Yにその翻訳を依頼した。Xはその内容に露骨な性的描写があることを知りながら同翻訳書を出版し、一般読者多数に販売した。Xは刑法175条に定めるわいせつ文書の頒布販売罪に当たるとして起訴され、Yも同行為に加功したものとして起訴された。

　②判旨

　　　［棄却］

> ①猥褻文書とは (a) 徒らに性欲を興奮または刺激せしめ、(b) かつ普通人の正常な性的羞恥心を害し、(c) 善良な性的道徳観念に反するものをいう。
> ②本件訳書の内容は、性行為の非公然性の原則に反し、羞恥感情を害するものであり、性的欲望を興奮刺激せしめ、また善良の性的道義観念に反する程度のものと認められる。従って、原判決が、本件訳書自体を刑法175条の猥褻文書と判定したことは正当である。
> ③表現の自由もやはり公共の福祉によって制限されているものと認めなければならない。性的秩序を守り、最小限限度の性道徳を維持することが公共の福祉の内容をなすことに疑問の余地はない（＝表現の自由も「公共の福祉」の制限を受ける）。
> ④芸術性と猥褻性とは別異の次元に属する概念であり、両立し得ないものではない。

2）「ノンフィクション『逆転』事件」（最判平6.2.8）（損害賠償請求事件）
①事実

　昭和39年8月、当時アメリカ合衆国統治下にあった沖縄で日本人4名と米兵2名が殴り合いの喧嘩をし、米兵のうち1名が死亡し、他が負傷するという事件が起こった。X（原告・被上告人）は、他の3名とともに傷害致死及び傷害の罪で起訴され、陪審裁判を経て、アメリカ合衆国琉球列島民政府高等裁判所により、傷害罪について懲役3年の実刑判決の言渡しを受けた。Xは昭和41年10月仮出獄し、沖縄でしばらく働いた後上京して、昭和43年10月から都内のバス会社に運転手として就職し、またその後結婚もし、前科が知られることなく平穏な生活を送っていた。

　Y（被告・上告人）は、先の裁判の陪審員の一人であったが、その体験に基づき『逆転』と題する著作を執筆し、同著作は昭和52年8月新潮社より刊行され、ノンフィクション作品として高い評価を受け、大宅壮一ノンフィクション賞を受賞した。Xは、この『逆転』の中でXの実名が使用されたため前科にかかわる事実が公表されプライバシーの権利を侵害されたとして、Yに対し慰謝料300万円の支払いを請求する訴訟を起こした。

　第1審の東京地裁は、Xの主張するようにプライバシー侵害を認め、慰謝料50万円の支払いをYに命じる判決を下した。原審東京高裁は、第1審とは異なった判断を示す部分をもちつつも第1審判決を支持し、控訴を棄却した。そこで、Yが上告した。

②判旨
　　［棄却］

①前科等の事実および実名の使用と公表が、不法行為を構成するか否かは、その者のその後の生活状況のみならず、事件それ自体の歴史的又は社会的な意義及びその影響力について、その著作物の目的・性格等に照らした実名使用の意義及び必要性をあわせて判断すべきで、その結果、前科等に関わる事実を公表されない法的利益が優越する場合には賠償を求めうる。
②原告Xは、前科等を公表されない法的保護に値する利益を有しており、しかもXは公的立場にある人物とはいえず、前科にかかる事実の公表を受忍しなければならない場合でもない。また、本件では、実名を使用しなければ著作の目的が損なわれる

ということもないし、その使用を正当化する理由もない。

[資料]
精神的自由（表現の自由）と経済的自由の合憲性判定基準

自由の種類		規制の態様	判定基準	合憲性の推定
精神的自由 （表現の自由）	A	事前抑制	文面上無効 ・漠然性ゆえに無効 ・過度に広汎ゆえに無効	×
	B	表現内容の規制	明白かつ現在の危険 (clear and present danger)	×
	C	表現の時・所・方法	より制限的でない他の選びうる手段（LRA）	×
経済的自由	D	消極的目的規制 （国民の生命・健康）	「厳格な合理性」の基準 （LRAに準ずる）	○
	E	積極的目的規制 （社会経済政策）	「明白性の原則」（合理性の基準）	○

択一問題（第5回）

次の記述のうち、誤っているものの記号を1つ記せ。

ア．表現の自由は、ほとんどすべての他の形式の自由の母体であり、国民主権の不可欠の条件である。
イ．大学の自治は学問の自由を担保するための制度的保障と考えられ、大学の教員は学問の自由を有するが、学生は学問の自由を有するわけではないと「ポポロ事件」判決で最高裁は述べた。
ウ．マスメディアの発達により、情報の「送り手」と「受け手」とが分離した今日、表現の自由は「知る権利」として再構成されなければならない。
エ．「博多駅事件」では、報道のための取材の自由も憲法21条の精神に照らし十分尊重に値すると最高裁は判示した。
オ．「新潟県公安条例事件」では、公衆の集団示威運動（デモ）につき、最高裁は「明白現在の危険」の基準を用い、当該公安条例は憲法の保障する国民の自由を不当に制限するものではないと判示した。

第6章
民法の原理

1. 日本民法典の沿革

（1）ボワソナード草案から現行民法へ

　明治政府は、江戸幕府が締結した安政の不平等条約（1854年）を一日も早く撤廃し、西欧列強と対等の立場で外交交渉することを望んだ。安政の不平等条約では、外国人裁判権や関税自主権が放棄されていて、西欧列強に一方的に有利な条約であったからである。しかし、条約の改定は難航を極めた。そこで、明治政府は、近代的法典を編纂して「文明国たるの実を示すことが先決」と考えた。その結果、フランス・ドイツ等から、優秀な法学者を招聘（しょうへい）し、わが国の近代的法典編纂にあたらせた。いわゆる「お雇い外国人」である。ボワソナード（Gustave Boissonade; 1825〜1910）もその一人であり、パリ大学の法学部教授であった。彼は、フランス民法に基づいてわが国の民法草案を起草し、それが旧民法として成立した。

　わが国初の民法は、明治23年（1890年）に公布され、明治26年から施行される予定であった。しかし、この旧民法は、①長子（男子）の単独相続制を廃して、男女、嫡庶子、養子の別なく、子について均分相続制を採っていた。また、②父が死亡した場合に親権を母に与え、母及び妻の地位を高めたものであった。さらに、③私生児の準正（嫡出子としての身分を取得する制度）を認め、子に対する両親の扶養義務を宣言したものであった。これら事項は、明治のわ

が国の慣習に反する近代的ものであった。そこで、穂積八束は、「民法出でて忠孝亡ぶ」という論文を著し、この民法の施行を延期するように主張した。これを契機に、予定通り民法を施行すべしとする"断行派"と施行は延期すべしとする"延期派"との間でいわゆる「法典論争」が起こった。その結果、帝国議会において"延期派"の主張が多数を占め、一旦公布された民法は施行されないこととなった。

　民法施行の延期という結果を受けて、法典調査会が設置され、改めて民法典の起草にあたることとなった。起草委員は、梅謙次郎・富井政章・穂積陳重の3名であった。この法典調査会での議論を経て成立したのが現行民法典［公布（明治29年、1896年）、施行（明治31年、1898年）］である。もっとも、家族法の部分は、第二次世界大戦後昭和22年（1947年）に全面的に改正され、平成16年（2004年）には条文の現代語化が実施され今日に至っている。

（2）日本民法典の構成

　日本民法は、パンデクテン方式を採用している。具体的には、第1編 総則、第2編 物権、第3編 債権、第4編 親族、第5編 相続という構成で、1044条から成る。なお、"パンデクテン"という用語は、ローマ法大全の中の学説集のドイツ語名である。

　現行民法典成立当時、ドイツ民法草案の影響で形式はパンデクテン方式を採用したため、長らくわが民法はドイツ法の影響の下に成立したと解されてきた。しかし、実質的にはボワソナードの起草した旧民法が基になっており、梅・富井両委員がフランスで学位を取得していたこともあり、少なくとも現行民法典の半分はフランス法の影響を受けていると考えられる。

2．民法（財産法）の基本原理

　民法は単なる法規の寄せ集めではなく、いくつかの基本原理に基づいて体系的につくられている。もっとも、体系的といっても数学のような論理のみによるものではなく、便宜とか沿革といった非合理なファクターもいくつかあるが、

それにもかかわらず、いくつかの基本的原理を導き出すことができる。

(1) 権利能力平等の原則

　これは、すべての個人が平等に権利・義務の主体となるという原則をいう。権利義務の主体となるのは、自然人と法人に限られる。

1) 自然人については、民法3条1項が「私権の享有は、出生に始まる。」と規定している。ただし、胎児については、民法は例外を認めている。すなわち、不法行為に基づく損害賠償請求権（721条）、相続（886条）、遺贈（965条）については、胎児は既に生まれたものとみなされ、権利主体となる。

2) 法人とは、自然人以外のもので法律上の権利・義務の主体とされる法人格をもつものをいう。法人は、民法その他の法律の規定によらなければ成立しない（33条1項）。人の集団である団体に権利能力（権利・義務の主体となる資格）を与えたものが、社団法人であり、財産の集合に権利能力を与えたものが財団法人である。さらに、株式会社のように営利を目的する法人を営利法人と呼び、営利を目的としない法人を公益法人という。公益法人としては、学術、技芸、慈善、祭祀、宗教その他の公益を目的とする法人を民法は挙げている（33条2項）。

(2) 所有権絶対の原則

　これは、近代所有権は、何らの人為的拘束を受けない、侵害をなす天下万民に対して主張することのできる、完全円満な支配権であり、しかも、国家の法よりも先に存在する自然権として神聖不可侵であるという原則をいう。憲法29条1項が、「財産権は、これを侵してはならない。」と財産権の不可侵を定め、民法206条が「所有者は、法令の制限内において、自由にその所有物の使用、収益及び処分をする権利を有する。」と規定するのもこの原則の表れである。

　所有権絶対の原則は、土地所有権がもはや何らの封建的拘束を受けないことの確認であるとともに、市民社会における自由な人格の物における反映であり、資本主義経済における物（商品、生産手段、貨幣）の絶対的支配性への要求の表現といえる。この原則から、「物権的請求権」「物権法定主義」*「売買は賃貸

借を破る」等の諸原則が導かれる。

　＊民法175条（物権の創設）「物権は、この法律その他の法律に定めるもののほか、創設することができない。」

１）物権的請求権

　物権は、絶対的・排他的支配権であるから、円満な支配を妨げられたとき、物権の内容を実現するために認められた権利をいう。民法は、物権的請求権を正面から認める規定を置いていないが、民法198条～200条で占有に関する訴え（占有訴権）を規定し、202条１項は「占有の訴えは本権の訴えを妨げず」と定めていることから、当然の権利と考えられている。その内容としては、以下の３つの種類が考えられている。

①所有物返還請求権：他人が所有物を占有することによって自己の所有権を妨害している場合に、その者に対して目的物を返還することを請求することができる権利である。

（例）AはBに自己の気に入ったCDを３枚期限付きで貸したが、期限が来てもBがそのCDを返還しない場合。

②所有物妨害排除請求権：他人が自己の所有物を権限なく妨害している場合に、その者に対して妨害の除去を請求することができる権利である。

（例）自己の土地の上に他人が無断で建物を建て、自己の土地所有権が妨害されている場合。

③所有物妨害予防請求権：他人が自己の所有物に対して、現在の妨害はないが、将来所有物に対する侵害のおそれがある場合、その原因を除去して妨害を未然に防止する措置を講ずるように請求することができる権利である。

（例）Xは宅地を所有しそこに住んでいる。ところが、隣地の所有者Yが境界に沿って必要以上に深く土地を掘り下げたため、Xの土地が崩れるおそれが生じたため、XがYに対して、土地が崩れないような防止措置をとるように請求する場合。

２）ところで、民207条は、「土地の所有権は、法令の制限内において、その土地の上下に及ぶ。」と規定している。では、法令の制限が設けられていない場

合、土地の所有権はその土地の上下に無限に及ぶのであろうか。

[問い]「法令の制限がない限り、所有権は上空・地下ともに無限に及ぶことを理由に、自己の所有する土地の上空を通過する飛行機や、地下を走る地下鉄に対して、進路変更や損害賠償を請求できるか。」

(参考)

①ドイツ民法905条「土地所有権は、これを禁止するについてなんらの利益のない高所又は深所における侵害を禁ずることはできない。」

②スイス民法676条「土地の所有権は、その行使につき利益の存する限度において空中および地下に及ぶ。」

[結論] 上記のドイツ民法及びスイス民法の規定から分かるように、所有権といえども絶対無制約なものではなく、自己の土地・建物に生活することに何らの支障が生ずるものでない限り、たとえ所有権に基づいても、公共の福祉に寄与する飛行機や地下鉄の運航進路の変更や損害賠償を求めることはできない。ワイマール憲法（1919年）153条には、「所有権は義務を負う。」と規定してあった。また、日本国憲法29条2項は、「財産権の内容は、公共の福祉に適合するように、法律でこれを定める。」と規定し、所有権といえども、所有者の意思に反して収用され、利用方法が制限されて、処分の制限を受けるとされている。

3）売買は賃貸借を破るか？

　建物・土地といった不動産の賃貸借の法的性質は債権であって、誰にでも主張できる物権ではない（民601条）。そこで、不動産を賃借した者はこれを登記しないとその後その不動産について所有権等物権を取得した第三者に対抗できない（民605条）。ところが、賃貸人には賃借人からの登記請求に応じる義務はない。したがって、実際は、不動産の賃借は登記されないのが実情であった。ところが、戦争で土地が高騰したとき、賃貸人が第三者にその土地を高値で売却すると、土地の賃借人も、建物の賃借人も登記がないために第三者に対抗できない。そのため、他人の土地を借りてその上に建物を建てて住んでいた賃借人は、自分所有の建物を壊して他の場所に引っ越さねばならなくなった。借地人は不安の底に陥れられた。そこで、大地震によって建物が次々と破壊される

ことになぞらえて、これを「地震売買」と呼んだ。国民経済的に見ても多くの建物が突如破壊されるのは好ましくない。そこで、借地・借家法*という民法の特別法ができ（1991年）、不動産の賃借人を保護する措置がとられた。

> *借地借家法10条1項：「借地権は、その登記がなくても、土地上に借地権者が登記されている建物を所有するときは、これをもって第三者に対抗することができる。」
> *同法31条1項：「建物の賃貸借は、その登記がなくても、建物の引渡しがあったときは、その後その建物について物権を取得した者に対し、その効力を生ずる。」

（3）私的自治の原則
1）意義

私法的法律関係に関しては、個人が自由意思に基づいて自律的に法律関係を形成することができるという原則をいう。このことは反面、すべての個人は、自由な意思によらないでは、権利を取得し義務を負わされることはないということを意味している。

2）内容

私的自治の原則は、個人の意思が積極的に活動する場合、すなわち、私法的法律関係の形成に関する場合に適用され、次の原則が私的自治の原則から派生してくる。

①法律行為自由の原則：法律行為は、当事者の意思を尊重して自由に形成できる。

②契約自由の原則：契約は当事者の意思に基づいて自由に結ぶことができ、自由に取引関係を形成できる。

③社団設立自由の原則：一定の目的のために結合した人の集団である社団は、企業活動等のために自由に結成できる。

④遺言自由の原則：遺言者は、自己の意思によって自分の財産を自由に処分できる。

これらの原則の中でも現代の取引関係において最も重要なのは「契約自由の原則」である。そこで、次に契約自由の原則について述べる。

ア）契約自由の原則

①契約をするかしないか、②誰を相手とするか、③いかなる契約内容とするか等について、当事者間で自由に定めることができるという原則である。したがって、取引関係については、任意規定である民法よりも当事者の合意が優先し、合意がない場合にだけ民法が適用される。これも私的自治の原則の現れである。なお、任意規定とは、当事者の意思表示によりその適用を排除できる法規をいう。

イ）契約自由の原則の修正

資本主義の高度化とともに、著しい貧富の差が生じた。経済的実力の格差が生じている社会では、契約自由の原則とはいっても、現実には、自由に法律関係を形成できるわけではなく、事実上は当事者の力関係が異なるために、経済的に弱い者は経済的に優位に立つ者の意図に従うか否かの自由しか有しない場合が通常である。そこで、当事者間の交渉力を対等にする方策、例えば、団体交渉権を認めること、あるいは、当事者の合意によっても修正できない強行法規（民91条）をつくって、契約内容が一方にのみ有利で他方の犠牲の上にのみ成立するような不公平のないことが要請されてくる。これは、契約自由の原則に対する修正である。すなわち、国家が経済的弱者を保護するために、契約の締結を強制したり、契約内容を制限したり、あるは契約の取り消しを認める等の方策を講じることになる。

例えば、消費者契約法（2001年・平成13年施行）は、詐欺・強迫を拡張する趣旨の制度を導入して、消費者を保護している。具体的には、事業者が消費者契約の締結を勧誘する際に、重要事項について事実と異なることを告げ（不実告知、同法4条1項1号）、将来の不確実な利益について断定的な判断を提供し（断定的判断の提供、法4条1項2号）、または利益となる事項だけを告げて不利益となる事実を故意に告げないこと（不利益事実の不告知、法4条2項）によって、消費者に誤認を生じさせて契約を結ばせたときは、消費者に取消権が与えられる。

他方、任意規定に対して強行規定が存在する。強行規定とは、当事者の意思にかかわらず適用される法規をいう。民91条は、「法律行為の当事者が法令中

の公の秩序に関しない規定と異なる意思を表示したときは、その意思に従う。」と規定している。すなわち、公の秩序に関する規定は、当事者の意思に優先する強行法規である。例えば、次に挙げるようなものがある。

①親権・相続順位・夫婦などのような身分関係に関する法規は、一般に強行法規である。直接社会秩序に関係する事項だからである。

②物権の種類・内容などに関する規定のように直接第三者の利害に関係する法規も、一般に強行法規である。物権は排他性を有するからである。物権については、特に明文がある。すなわち、民法175条は、「物権は、この法律その他の法律に定めるもののほか、創設することができない。」と規定している。

③利息制限法、流質契約禁止（民349条）、恩給・扶助料の取引禁止（恩給法11条）などのような法律が特に一定の経済的弱者保護しようとする趣旨に基づいて定めた法規も、一般に強行法規である。借地借家法は、借地人・借家人を保護する半面だけを強行法規とする旨を明言している（借地借家法16条・37条）。

④公序良俗違反の法律行為は無効である。民法90条は、「公の秩序又は善良の風俗に反する事項を目的とする法律行為は、無効とする。」と規定している。「公の秩序」とは社会の一般的秩序を、「善良の風俗」とは一般的道徳観念を意味する。これは、法律行為の内容が、個々の強行規定に違反しなくても、「公の秩序又は善良の風俗」に反するときは、実質的に違法な行為として、無効とされることを意味している。例えば、一夫一婦制に反する関係を維持する契約は、公序良俗に反し無効である。

（4）過失責任の原則
1）意義
　他人に損害を与えたとしても、単に加害行為と損害との間に因果関係があるだけでは足りず、加害者に不注意や責められるべき落ち度（故意・過失）がない限り、賠償を義務づけられないとする原則をいう。不法行為における過失責任主義（709条）だけでなく、契約に違反した場合の損害賠償についても、「債

務者の責めに帰すべき事由」（415条）が要求されている。過失責任の原則は、原則として故意・過失がない限り加害者は責任を負わないことを意味し、一般社会における自由な経済活動を保障する趣旨である。

2）原則の修正

現代の高度資本主義社会では、特殊な危険をはらむ企業や道具が大量に発生してきている。それによる損害は企業者や危険な物の支配者が注意を尽くしても防止しえないことが少なくない。それにもかかわらず、故意又は過失の証明ができないと、被害を受けた者が自ら損害を負担しなければならないとするのでは、被害者保護の観点から不当であると考えられる。そこで、被害者救済のために、過失責任の原則を修正する必要が生じてきた。

①無過失責任：故意又は過失がなくても、因果関係が認められれば、加害者に賠償義務を負わせる。
②報償責任：利益を上げる過程で他人に損害を与えた者は、その利益から賠償しなければならない。利益のあるところに損失も帰させるのが公平であるとの思想に基づく。
③危険責任：危険な施設、危険な企業など、社会に対して危険を作り出している者は、そこから生じる損害に対して常に賠償しなければならない。
④製造物責任（Product Liability）：製造物の欠陥から生じた損害に対して製造者などが負う責任。欠陥の存在のみを要件に賠償責任を認める法理で、このような責任を、過失責任と区別して厳格責任とか無過失責任と呼ぶ。この責任を明文化するものとして、製造物責任法（PL法、1995年・平成7年施行）が成立している。

3．信義則（民法1条2項）と権利濫用の禁止（民法1条3項）

民法1条には「②権利の行使及び義務の履行は、信義に従い誠実に行わなければならない。③権利の濫用は、これを許さない。」とある。

(1) 信義誠実の原則（信義則）

人は当該具体的事情の下において、相手方（契約その他特別関係に立つ者）から一般に期待される信頼を裏切らないように、誠意をもって行動するべきであるとする原則をいう。債権法の分野にとどまらず、民法の全領域において極めて広くかつ柔軟に用いられる法原理である。

(2) 権利の濫用の禁止

ある人の行為あるいは不法行為が、外形的には"権利"の行使とみられるが、その行為が行われた具体的状況と実際の結果とに照らしてみると、権利の行使として法律上認めることが妥当でないと判断されること。権利の社会的機能を尊重する趣旨に基づいて、私権の行使に際して生ずる他の法益との衝突を具体的衡平の見地から調整しようとするものである。

> ＊［信義誠実の原則と権利濫用との関係］：信義則は契約当時者とか夫婦・親子のような一定の特殊な関係にある者の権利義務について適用されるのに対して、権利濫用はそういう特殊な関係にない者の間に適用される。例えば、土地所有権者とその土地の不法占拠者との間における所有権に基づく妨害排除請求権の行使について問題となる。後出の「宇奈月温泉事件」はこうした事例である。

(3) 自力救済の禁止

私権は、近代国家では国家の裁判機構を通じて保護される。その反面、自力による権利の実現（自力救済）は原則として禁止される。したがって、自力救済は原則として違法となり、損害賠償請求権（709条）や占有訴権（198条〜200条）を発生させる。例えば、借家人が契約期限終了後も家屋を立ち退かないので、家主が自ら実力でこれを追い出すなどのように、私人が司法手続によらないで、自己の権利を実現することは許されない。これを私人に認めると、社会の秩序が保たれないからである。

(4) 判例

1)「宇奈月温泉事件」（大審院昭10.10.5）（妨害排除請求事件） ― ［権利の濫

用]
①事実

　本件は、富山県黒部川の上流にある宇奈月温泉の引湯用木管をめぐって起こった訴訟事件である。宇奈月温泉は、実は、その上流の黒薙にでる温泉源から木管で湯を引いたものであるが、その全長4170間（約750m）に及ぶ引湯管は大正6年頃、被告Y（被上告人）—黒部鉄道株式会社—により設置され、大正10年頃から宇奈月温泉の営業用に使われてきた。

　Yが引湯管を設置するときに、その一部をどう誤ったのか、訴外A所有の土地に適法な利用権の設定を受けないまま通過させてしまったらしい。そのため、引湯管の通過部分（長さ：約19尺、幅：約3尺6寸、面積：約2坪）について土地所有権の侵害を生じたのであるが、もともとこの土地が黒部川に沿った急傾斜の荒地で、農耕にも植林にもほとんど利用価値のないものだったので、そのまま放置されていたものであった。

　ところが、これを知った原告X（上告人）は、Aから右土地を譲り受け、Yに対し右土地及び隣接する別のX所有の土地約3,000坪を総額2万円（時価の数十倍に相当する）で買い取るべきことを要求し、Yがこれを拒絶すると、今度は土地所有権に基づく妨害排除として引湯管の撤去及び立入禁止を請求して、本訴に及んだわけである。

②判旨

　　［上告棄却］

> 一面ニ於テ侵害者ニ対シ侵害状態ノ除去ヲ迫リ、他面ニ於テハ該物件其ノ他ノ自己所有物件ヲ不相当ニ巨額ナル代金ヲ以テ買取ラレタキ旨ノ要求ヲ提示シ、他ノ一切ノ協調ニ応ゼズト主張スルガ如キニ於テハ、該除去ノ請求ハ単ニ所有権ノ行使タル外形ヲ構フルニ止マリ、真ニ権利ヲ救済セムトスルニアラズ。即チ如上ノ行為ハ全体ニ於テ専ラ不当ナル利益ノ掴得ヲ目的トシ、所有権ヲ以テ其ノ具ニ供スルニ帰スルモノナレバ、<u>社会観念上所有権ノ目的ニ違背シ、其ノ機能トシテ許サルベキ範囲ヲ超脱スルモノニシテ権利ノ濫用ニ外ナラズ</u>。（中略）該訴訟上ノ請求ハ、外観ノ如何ニ拘ラズ其ノ実体ニ於テハ保護ヲ与フベキ正当ナル利益ヲ欠如スルヲ以テ、此ノ理由ニ依リ直ニ之ヲ棄却スベキモノト解スルヲ至当トス。

2)「信玄公旗掛松事件」(大審院大8.3.3)(損害賠償請求事件)
　①事実
　　　国鉄中央線日野春駅付近に由緒ある松樹(信玄公旗掛松)があったが、線路がこの松とわずか2ｍ未満のところに敷かれ、しかもそこで汽車の入れ替えが行われたため、松樹は汽車の煤煙で枯死したので、松の所有者が国に対して損害賠償を求めたものである。
　　　原審判決が、煙害予防の措置を講じなかったのは権利の濫用であると判示したのに対して、国側が権利の正当な行使である以上不法行為にはならないと争った。
　②判旨
　　　［上告棄却］

> 本件松樹ハ鉄道沿線ニ散在スル樹木ヨリモ甚シク煤煙ノ害ヲ被ムルヘキ位置ニアリテ且ツ其害ヲ予防スヘキ方法ナキニアラサルモノナレハ上告人カ煤煙予防ノ方法ヲ施サスシテ煙害ノ生スルニ任セ該松樹ヲ枯死セシメタルハ其ノ営業タル汽車運転ノ結果ナリトハ云ヘ<u>社会観念上一般ニ認容スヘキモノト認メラルル範囲ヲ超越シタルモノト謂フヘク権利行使ニ関スル適当ナル方法ヲ行ヒタルニアラサルモノト解スルヲ相当トス</u>故ニ原院カ上告人ノ本件松樹ニ煤害ヲ被ラシメタルハ権利行使ノ範囲ニアラストス判断シ過失ニ因リ之ヲ為シタルヲ以テ不法行為成立スル旨ヲ判示シタルハ相当ナリ

＊［要約］：権利行使であっても、一般に認められる範囲と程度(受忍限度)を超える場合は、権利濫用として不法行為が成立する。

[資料]

[用語の意味]
1 債務不履行：家屋の売買で売主が不注意に火事を起して家屋を焼失させてしまった場合とか、借金をした者が期日がきても返済しない場合のように、一定の債務を負う者が、その債務を負うことによって当然期待される履行をしないこと、すなわち、債務の本旨に従った履行をしないこと（民415条）。効果として、損害賠償を請求できるようになる（民415・416条）。
2 強行規定（民91条）：当事者がそれと異なる特約をしても、d特約が無効となる規定。特約が優先しその規定が排除されるものを任意規定という。強行規定は公の秩序に関するものである。
3 物権の排他性：同一の目的物の上に、1個の物権が成立するときはこれと同一内容の物権が併存することは許されない。例えば、同一不動産上に、2つの所有権は成立しない。
4 不法行為：例えば、不注意で他人を傷つけたり、他人の物を壊したりすると、行為者はそれによって生じた損害を賠償しなければならない。このように、ある行為によって他人に生じた損害を賠償する責任が生じる場合に、その行為を不法行為という。709条に過失責任主義に基づく不法行為の一般規定を置いている。
5 受忍限度：日照妨害・大気汚染・騒音等の侵害に対して、影響を受ける者が社会生活上受任すべき程度。その程度を超えると違法と判断される。
6 報償責任：利益を上げる過程で他人に損害を与えた者は、その利益から賠償しなければならないという考え方で、利益のあるところ損失もまた帰させるのが公平であるという考え方に基づく。
7 危険責任：危険な施設、危険な企業など、社会に対して危険を作り出している者は、そこから生じる損害に対して常に賠償しなければならないという考え方。報償責任とともに、無過失責任と認めるための有力な論拠とされる。
8 権利濫用の法理：行使される権利の社会的機能から見て保護に値する利益を有するか否かという客観的基準（権利の行使によって生ずる権利者個人の利益と相手方又は社会全体に及ぼす害悪との比較衡量）に基づいて、権利の行使を拒否する点に権利濫用法理の重要な機能がある。
9 信義則と権利濫用の禁止との関係：対人関係では信義誠実の原則が、対社会関係では権利濫用理論が、それぞれ適用される。2つの結合している関係（例えば、賃貸借関係・親権）では、それぞれの側面についてそれぞれの原則が適用になる。ただ、両者の適用分野の区別は事実上困難であり、また、判例も右の区別を必ずしも守っているわけではない。
10 消費者契約法1条「この法律は、消費者と事業者との間の情報の質及び量並びに交渉力の格差にかんがみ、事業者の一定の行為により消費者が誤認し、又は困惑した場合について契約の申込み又はその承諾の意思表示を取り消すことができることとするとともに、事業者の損害賠償の責任を免除する条項その他の消費者の利益を不当に害することとなる条項の全部又は一部を無効とするほか、消費者の被害の発生又は拡大を防止するため適格消費者団体が事業者等に対し差止請求をすることができることとすることにより、消費者の利益の擁護を図り、もって国民生活の安定向上と国民経済の健全な発展に寄与するすることを目的とする。」
11 差止請求権：他人の違法な行為により、利益又は権利を侵害されるおそれがある者が、その行為をやめるように請求する権利。事後的救済の手段としての損害賠償請求権に対し、事前の救済を目的とする権利。

択一問題（第6回）

次の記述のうち、誤っているものの記号を1つ記せ。

ア．ボワソナード草案による旧民法の考え方は、パンデクテン方式を採る現民法には何らの影響を与えていない。
イ．所有権絶対の原則から、自己の土地上空を通過する飛行機や地下を走行する地下鉄に進路変更や損害賠償を求めることは、権利の濫用であって容認できない。
ウ．私法関係においては、自力救済は原則として認められない。
エ．製造物責任や報償責任は、過失責任の原則に対する修正であり、被害者保護の観点から無過失責任を認めるものである。
オ．「宇奈月温泉事件」では、大審院は原告の所有権にもとづく妨害排除請求に対して、権利濫用の法理により、訴えを退けた。

第7章
物権と債権

1．財産権

財産的価値を対象とする権利を財産権と呼ぶ。財産権は、物権と債権から成る。

(1) 物権と債権

物権は、物に対して直接の支配をする権利であり、人と物との関係を規律する。
債権は、債務者に対して一定の行為（給付）を請求する権利であり、人と人との関係を規律する。

物権と債権を比較すると表7-1のようになる。また、詳述すると以下のようになる。

第1に、物権はすべての人に対して主張しうる権利であり（絶対性と呼ばれる）、債権は債務者に対してのみ一定の行為をすることを請求しうる権利である（相対性と呼ばれる）。

第2に、同じ物の上に同じ内容の物権が2つ以上成立することは法律上できない。この物権の排他性のことを「一物一権主義」と呼ぶ。債権では、同じ債務者に対して同じ内容の債権が2つ以上成立することは法律上さしつかえない。すなわち、債権には排他性がないということになる。

第3に、同じ物の上に同じ内容の物権と債権とが存在するときは、物権が債

表7-1 物権と債権との比較

特徴	物　権	債　権
1 対世間との関係	絶対性（すべての人に対して主張可）	相対性（債務者に対してのみ請求可）
2 排他性	あり「一物一権主義」	なし
3 優先性	あり「売買は賃貸借を破る」	なし（担保物権を有する債権者は他の一般債権者に優先する）
4 不可侵性	あり「物権的請求権」	なし
5 任意法規性	強行規定「物権法定主義」	任意法規性（私的自治の原則）

権に優先する。例えば、同じ土地上に物権である所有権と債権である賃借権（民601条）とが成立している場合に、その土地所有権者が第三者にその所有権を譲渡してしまえば、土地賃借権はその登記がない限り第三者に対抗できない（民605条）。すなわち、物権は債権に優先する。これを物権の優先的効力という。その典型例が、上に述べた「売買は賃貸借を破る」という原則である。この原則に対しては、土地建物の賃借権は人の生活が成立する基本的権利であることから、借地借家法によりその修正が図られている。すなわち、「借地権は、その登記がなくても、土地の上に借地権者が登記されている建物を所有するときは、これをもって第三者に対抗することができる」（借地借家法10条1項）。また、「建物の賃貸借は、その登記がなくても、建物の引渡しがあったときは、その後その建物について物権を取得した者に対し、その効力を生ずる」（借地借家法31条1項）。このようにして、不動産賃借権の重要性を考慮して物権の債権に対する優先性を修正している。

　なお、債権者同士の間には優劣は生じないのが原則である。しかし、抵当権等の担保物権を有する債権者は、担保物権を有しない一般債権者に優先して、目的物の換価代金から弁済を受けることができる（民369条）。

　第4に、物権はその行使が妨げられている場合でも、物権を有する者はその排除を求めることができる（不可侵性）。しかし、債権の行使が妨げられても、債権者はその排除を求める権利を有しない。債権を侵害できるのは債務者のみ

であるといわれる。その意味で、債権には不可侵性はない。

　第5に、物権は絶対的排他的権利であるから、その種類を限定し内容を画一化しておかないと、第三者が不測の不利益を被るおそれがある。そこで、物権に関する民法の規定は当事者の意思で排除できない強行規定と解されている。民法175条は、「物権は、この法律その他の法律に定めるもののほか、創設することができない。」と規定している。これを物権法定主義と呼ぶ。一方、債権は絶対性も排他性も有しないから、債権に関する民法の規定は、当事者の意思が優先する。すなわち、私的自治の原則が妥当する任意規定と考えられている。

（2）物権的請求権

　[意義]：物権とは、一定の物（ないしその利用価値・交換価値）を直接に支配し、その利益を排他的・独占的に享受し得る権利をいう。そして物権の円満な状態が侵害されたときに、侵害者に対してその侵害を排除する権利が物権的請求権である。これには、所有権に基づく請求権と占有権に基づく請求権がある。前者については、第6章2．(2)「所有権絶対の原則」で触れたので、ここでは占有権に基づく請求権（占有訴権）について述べる。

1）占有訴権

　　自力救済に代わって、所有権の有無にかかわらず、物の事実上の支配たる「占有」を保護する制度である。「占有」とは、「自己のためにする意思をもって物を所持する」（民180条）ことである。占有者は、他人に占有を妨害されたときは、その占有が正当な権利に基づくものであるか否かにかかわらず、「占有の訴え」によって妨害の排除を裁判所に請求できる（民179条以下）。この訴えを占有訴権と呼んでいる。具体的には、①占有保持の訴え（民198条）、②占有保全の訴え（民199条）、③占有回収の訴え（民200条1項）が認められる。

2）占有保持の訴え（民198条）

　　占有を奪われるまでにはいたらないが、占有を妨害されているときに、妨害の除去・停止と損害の賠償を請求することができる。例えば、隣家の松の

木が倒れてきた場合や占有する土地に他人が勝手に土砂やごみを搬入した場合等が考えられる。

3）占有保全の訴え（民199条）

　占有を妨害されるおそれがあるとき、その妨害の予防または損害賠償の担保を供することを請求できる。例えば、隣家の石塀が占有する土地上に倒れてきそうな場合等が考えられる。

4）占有回収の訴え（民200条1項）

　占有を奪われたときは、その物の返還と損害賠償を請求できる。例えば、占有する動産を奪われたり、居住する建物から実力で追い出された場合等が考えられる。

　なお、占有権に対して本権たる所有権に基づく物上請求権として、①所有物返還請求権、②所有物妨害排除請求権、③所有物妨害予防請求権があるが、すでに指摘したように前章2．で触れたので繰り返さない。

（3）動産と不動産

1）「対抗」ということ

　動産とは、不動産以外の物をいう（民86条2項）。また、不動産とは土地及びその定着物をいう（民86条1項）。典型的には、土地・建物である。物権の変動について「対抗できない」と民法が規定している場合がある（民177条・178条）。「対抗できない」とは、目的物に生じた物権変動を、その物に利害関係を有する第三者に主張できないことである。「対抗できる」とは、目的物に関する物権変動を第三者に主張できることをいう。「対抗できる」すなわち、「対抗力を有する」ために満たさねばならない要件を対抗要件と呼ぶ。不動産の対抗要件は"登記"であり（民177条）、動産の対抗要件は"引渡し"（占有の移転）である（民178条）。

表7−2　動産と不動産の比較

区別	対抗要件	即時取得
動産	引渡し（民178条）	あり（民192条：公信力）
不動産	登記（民177条）	なし

2）不動産の二重譲渡

例えば、Aが自己の所有する甲土地をBに1,000万円で売却し、Bは代金を支払ったが移転登記を受けないでいたところ、AはCに同じ甲土地を1,300万円で売却し、Cは代金支払と同時に移転登記を取得した。先に甲土地について売買契約を締結したBは、自己が甲土地の所有権者であるとCに主張できるか。

この場合のAのBおよびCへの甲土地の売買を不動産の二重譲渡と呼ぶ。また、B－C間の甲土地所有権をめぐる対立関係を「対抗関係」という。この二重譲渡の場合、Bは先にAと売買契約を結び代金を支払っていても、登記を備えないかぎり登記を具備したCに対抗できず、甲土地所有権はCに帰属することになる。これが、民法177条の帰結である。Aは、先にBに甲土地を売却したのだから所有権はAにはなく、Cに甲土地を二重譲渡できないのではないかとの疑問がある。しかし、不動産所有権が完全に移転するには、登記も移転する必要があり、それをしない間はA－B間の不動産所有権の移転は不完全であり、Aに所有権は残存しており、その所有権をAはCに譲渡できると解されている。これは、契約における「私的自治の原則」の現れであり、自由主義経済における自由競争原理に基づくものと考えられる。

ただし、本件でCが詐欺・強迫によってBの登記の申請を妨げた者であるとか、CがBのために登記を申請する義務のある法定代理人や受任者であるような者の場合は、Bは登記なくしてCに対して自己の甲土地についての所有権を主張し得る。これらの場合は、Cは背信的悪意者として保護されない。背信的悪意者とは、登記の欠缺（登記がないこと）を主張することが、信義誠実の原則（信義側）に反する立場にある者をいう。民法177条は、「不動産に関する物権の得喪及び変更は、不動産登記法その他の登記に関する法律に定めるところに従いその登記をしなければ、第三者に対抗することができない。」と規定している。しかし、先に述べたように177条の文言にある「第三者」には、「背信的悪意者」は含まれないとするのが確定した判例である。

3）即時取得（善意取得）

「取引行為によって、平穏に、かつ、公然と動産の占有を始めた者は、善意であり、かつ、過失がないときは、即時にその動産について行使する権利を取得

する。」（民192条）これは、取引の安全のために設けられた制度である。動産取引は日常頻繁に行われているが、時には処分権限のない者が占有している物をその者の所有物と信じて取引することがある。例えば、AがBから借りている物とか、AがBに売却してBから預かっている物をAが自己の物としてCに売ってしまったような場合である。このような場合、民法は取引の安全を考えて動産の占有に公信力＊を認め、Cが平穏・公然・善意＊・無過失で取引をしたときは、Cは権利（この例では所有権）を取得するものとした。

* ［公信力］：''登記''''占有''等の権利関係の存在を推断させる外形的事実はあるが、真実にはこれに相応する権利関係が存在しない場合に、その外形を信頼して取引をした者に対し、真実に権利関係が存在した場合と同様に権利取得を認める効力をいう。例えば、ドイツ民法では不動産登記に公信力が認められている。
* ［善意］：ある事情を知っていないことをいう。

2．債権法 ——債務不履行——

債権法は、信義誠実の原則（信義側）と公平の理念が支配する分野である。債権法の構成は、債権総論と債権各論に分かれる。債権総論は債権全般の総則に当たり、債権各論は①契約、②事務管理、③不当利得、④不法行為に分かれる。ここではまず、債権総論の分野から債務不履行を取り上げる。

［意義］：債務者が債務の本旨に従った履行＊をしないこと。

民415条「債務者がその債務の本旨に従った履行をしないとき＊は、債権者は、これによって生じた損害の賠償を請求できる。債務者の責めに帰すべき事由によって履行をすることができなくなったときも、同様とする。」

* 「履行」：債務者が債権の内容を実現すること。
* 「債務の本旨」：債務の本来の趣旨をいう。あるいは、債務の目的といってもよいであろう。
* 「債務の本旨に従った履行をしないとき」：債務の本来の趣旨を充たさないことであり、これには以下の類型が考えられる。

（1）類型
1）履行遅滞
　　履行が可能であるにもかかわらず、期限を過ぎても履行しないことをいう。例えば、A－B間の新車の売買で、買主Bが売主Aに代金を支払っているのにもかかわらず、Aが引渡期限の5月1日になっても新車をBに引渡さないというような場合である。
2）履行不能
　　履行が不可能なために履行しないことをいう。例えば、X－Y間の建物の売買契約で、買主Yは売主Xに売買代金を支払ったが、Xは建物の引渡し期限前に、自己の不注意からその建物を焼失してしまった場合である。
3）不完全履行
　　債務の一応の履行がなされたが、完全な履行ではないことをいう。1）の新車の売買の例でいえば、5月1日にAからBへの新車の引渡しが行われたが、車のハブ部分に欠陥があったような場合である。

（2）要件
債務不履行が債務者の「責めに帰すべき事由（帰責事由）」によるものであることが必要である。具体的には、債務者の故意・過失または信義則上これと同視すべき場合である。

（3）効果
損害賠償請求権が発生する。
民416条「①債務の不履行に対する損害賠償の請求は、これによって通常生ずべき損害の賠償をさせることをその目的とする。
　　　　　②特別の事情によって生じた損害であっても、当事者がその事情を予見し、又は予見することができたときは、債権者は、その賠償を請求することができる。」
民417条「損害賠償は、別段の意思表示がないときは、金銭をもってその額を定める。」（金銭賠償の原則）

（4）損害賠償の範囲

　例えば、Aは英国に留学する娘Cを成田空港で見送った後、自宅に帰るためB個人タクシーに乗車したところ（運送請負契約）、運転手Bは前方不注意のためタクシーを街路樹にぶつけ乗客Aの右眼に重傷を負わせた（まさに債務不履行！）。AはD病院に搬送され全治1か月と診断され、手術を受けることになった。そこで、Aは娘Cを英国より呼び寄せ看病に当たらせることにした。ところが、手術中に医師Eのミスで右眼と間違えて左眼を手術された。このため入院がさらに1か月延びて2か月の加療を要することとなった。入院期間の2か月が間もなく経過しようとするある日、突然その地域に震度7の地震が発生し、Aはベッドから転げ落ち、頭部を床で強打し、脳内出血が生じた。そのためAは頭部の手術が必要となり、さらに入院期間が3か月延び、入院期間は全部で5か月に及んだ。AはBに対して、どの範囲まで交通事故による損害賠償を請求できるだろうか。

［解説］

　個人タクシー運転手Bの債務不履行から生じた損害は、事実的因果関係を問題とする限り無限に続く。しかし、それではBに不相当な損害賠償責任を問うことになるので、どこかで債務不履行と損害発生との因果関係を断ち切らねばならない。そこで用意されたのが、民法416条である。同条1項は、債務不履行があれば社会通念上一般に生ずるであろうと認められる損害（通常損害）を賠償すべきことを定めたものである。すなわち、債務者は相当因果関係に立つ損害を賠償すればその責任を果たしたことになる。上述の例では、①当初予定の1か月の入院費・手術費・治療費は、通常損害といえよう。また同条2項は、予見可能性を要件に特別事情によって生じた損害（特別損害）をも賠償すべきことを規定している。先述の例では、②医師Eが右眼と左眼を間違えて手術したことによる2か月の入院費・手術費および治療費、そして、③突如発生した震度7の地震によって被った脳内出血の被害と5か月の入院費・手術費・治療費が特別損害ということになろう。④娘Cを呼び寄せるに要した航空運賃は特別損害とも解されるが、海外留学が珍しくなくなった今日では、通常損害とも解される。このように416条は相当因果関係を定

めた規定と伝統的には解釈されてきた。しかし、近時、416条がイギリス法に由来するものであり、「因果関係」概念の混乱をさける面からも、416条はどの範囲の損害までならば法的に救済するべきかという保護範囲を定めた規定と解する説（保護範囲説）が有力である。

（5）類型ごとの損害賠償の範囲
1）履行遅滞
　期限に債務の履行がないことにより生ずる損害を遅延賠償と呼ぶ。債権者は、本来の給付とともに遅延賠償を請求できる。
　①遅延損害の例
　　（a）自動車売買における引渡遅延によるレンタカー借用料、(b)建物売買における建物引渡し遅延により、居住できないためホテルに宿泊した宿泊料、(c)土地売買における引渡し遅延による賃貸料、または営業収入等が、遅延損害となる。
　②金銭の遅延
　　　金銭債務の履行遅滞については、法定利率の損害が認められ、約定利率が法定利率を超えるときは、約定利率による（民419条1項）。また債権者は、損害の発生については一切の立証責任を免れる（同条2項）。
2）履行不能
　債務の履行が不可能なことによって生じた損害は本来の給付にかわるものであり、その賠償を塡補賠償と呼ぶ。先述の例で、建物が債務者の不注意で焼失した場合には、その建物を転売する予定であった場合は、転売によって得べかりし利益を塡補賠償として債権者は債務者に請求できる。
3）不完全履行
　完全な履行がないのだから改めて完全な物を給付することを請求できる。これを追完請求と呼ぶ。先述の例では、欠陥のない新車を改めて引き渡すようにBはAに請求できる。あるいは、欠陥のハブ部分の修理をして欠陥を除去するように請求できる（修補請求権）。この場合でも、欠陥のない新車が引き渡されるまでレンタカーを借りていたのであれば、その借用料を遅延賠償としてBはA

に請求できる。

次に、車の欠陥の修理が不可能でその車の製造が中止されているような場合は、追完不可能であり、履行不能に準じBはAとの売買契約を解除して、支払った売買代金の返金と返金されるまでの遅延利息を請求する（民543条・545条）か、契約はそのままにして、給付に代わる損害の賠償（これを填補賠償と呼ぶ）を請求できる。その車を他に転売または賃貸する予定であったとすれば、その転売価格または賃貸料を填補賠償として請求できる（416条）。

①追完可能な場合：追完請求権を行使し、遅延賠償を請求できる。
②追完不能な場合：履行不能に準じ、契約解除（民543条・545条）または填補賠償請求権を行使できる。

3．強制履行の方法

債務が任意に履行されないときに、債権者は、原則として債権の内容を強制的に実現できる。さもなければ債権の目的は達することができず、"絵にかいた餅"に過ぎなくなるからである。強制履行としては、次の3つの方法が挙げられる。

1）直接強制（民414条1項）

債務者の意思にかかわらず、国家機関が債権の内容を直接的・強制的に実現するものをいう。

2）代替執行（民414条2項）

第三者に債権の内容を実現させて、その費用を国家機関が債務者から取り立てるものをいう。これが可能なのは、為す債務のうち、債務者本人が行わなくても債務の内容の実現が可能な場合に限られる。例えば、他人の名誉を毀損した者が、自らは謝罪広告を新聞紙上に掲載しなくても、裁判所が新聞社に命じて本人の名前と費用で謝罪広告の掲載を命ずる場合等がある。

3）間接強制（民執172条）

債務を履行するまでの間、裁判所が債務者に一定の金銭の支払義務を課することにより、債務者を心理的に圧迫して、間接的に債権の内容を実現させるも

のをいう。例を挙げよう。カラオケ店は夜10時以降は70ホーン以上の音を出してはならないと裁判所が命じた場合において、70ホーン以上の音を出した日数に応じて、例えば1日につき10万円の金銭の支払いを課すること等が考えられる。

＊　［画家の絵を描く債務］：なお、画家の絵を描く債務などの債務の履行にあたっては、債務者の自由意思が重要な債務であり、このような債務については間接強制による方法もとることができないと解されている。

[資料１]

〔用語の意味〕
1 即時取得（善意取得）（民192条）：「取引行為によって、平穏に、かつ、公然と動産の占有を始めた者は、善意であり、かつ過失がないときは、即時にその動産について行使する権利を取得する。」
　善意とは、ある事情を知らないこと、悪意とはある事情を知っていることをいう。即時取得は、動産について、その占有に公信力を与えた制度で取引の安全に資するものである。
2 公信の原則：実際には権利が存在しないのに権利が存在すると思われるような外形的事実（公示）がある場合に、その外形を信頼し、権利があると信じて取引をした者を保護するために、その者のためにその権利が存在するものとみなす原則。例えば、他人の動産を単に占有するにすぎない者（借主）からその動産を買った者は、無権利者から買い受けたことになり、本来なら所有権を取得する余地はないのであるが、占有しているという外形を信頼し所有者と誤信して買ったときは、買主は完全に所有権を取得することができるというような場合である。善意の第三者を保護しようとする趣旨である。
3 制限物権：所有権のように目的物を全面的に支配するのではなく、一定の限られた目的のために、使用する物権。地上権・永小作権などの用益物権と質権・抵当権などの担保物権がある。
4 用益物権：他人の土地を一定の目的のために使用収益する制限物権。例えば、地上権、永小作権、地役権。
5 担保物権：債権者が有する債権の履行を確保するため、債務者又は第三者が所有する一定の物・権利に対して、その物・権利が有する価値から債権者が優先的に債権の弁済を受けることが出来る物権。債務者・第三者に対する他の債権者に対して権利者を優先させる内容を有する権利である点で、物権としての性格を有する。民法は、4種類の担保物権について規定している。法律上当然に成立する法定担保物権と、担保物権の目的物の所有者と債権者との意思表示によって設定される約定担保物権である。留置権・先取特権は法定担保物権であり、質権・抵当権は約定担保物権である。
6 債務不履行による損害賠償の範囲：例えば、建物の売買契約で、建物の引渡しが遅延したのでホテルに宿泊したところ、ホテルが火災でケガをして入院し、入院中の病院の治療ミスによって重大な傷害を受けた結果、いままでの仕事を続けることができなくなり、その結果家庭生活が円滑でなくなり、離婚せざるをえなくなったという場合、建物引渡しの債務者は、先述の事実的因果関係にある損害をすべて賠償しなければならないのかという問題が生じる。
7 相当因果関係論（民416条）：民法416条は、相当因果関係の原則を定めた規定と解され、相当因果関係に立つ損害とは、当該の債務不履行によって現実に生じた損害のうち、当該場合に特有な損害を除き、かような債務不履行があれば一般に生ずるであろうと認められる損害だけであるという意味。416条1項は、相当因果関係の原

則を宣言し、2項は、その基礎とすべき特別事情の範囲を示す。特別事情を債務者が予見しまたは予見しうべきであった、ということは債権者が挙証しなければならない。
8　対抗要件：法律関係が当事者間で効力を有するための要件を満たしていても、当然には第三者に対する効力（対抗力）を有さず、対抗力を有するためには別の要件を満たさねばならないとき、その要件を対抗要件という。
9　背信的悪意者：不動産の二重譲渡関係に立つ第三者で、相手方の登記の欠缺を主張することが、信義則に反し、正当な利益を有する第三者に当たらないとして、民法177条の「第三者」から排除する理論。
10　利息制限法：第1条①金銭を目的とする消費貸借上の利息の契約は、その利息が左の利率により計算した金額をこえるときは、その超過部分につき無効とする。

　　元本が十万円未満の場合　　　　　　　　年2割
　　元本が十万円以上百万円未満の場合　　　年1割8分
　　元本が百万円以上の場合　　　　　　　　年1割5分
11　制限超過利息の返還請求に関する判例（最大判昭43.11.13）
　「債務者が利息制限法所定の制限をこえる金銭消費貸借上の利息・損害金を任意に支払ったときは、右制限をこえる部分は、民法491条により、残存元本に充当されるものと解すべきである（最大判昭39.11.18）。したがって、債務者が利息制限法所定の制限をこえて任意に利息・損害金の支払を継続し、その制限超過部分を元本に充当すると、計算上元本が完済となったとき、その後に支払われた金額は、債務が存在しないのにその弁済として支払われたものに外ならないから、この場合には、右利息制限法の法条の適用はなく、民法の規定するところにより、不当利得の返還を請求することができるものと解するのが相当である。」
12　貸金業法（昭58.5.13施行）
　「貸金業」とは、金銭の貸付け又は金銭貸借の媒介で業として行うものをいう（法2条）。貸金業法では、貸金業者が所定の書面又は受取証書を交付し、債務者が任意に支払ったときは、利息制限法の制限を超える利息・損害金の支払も有効な債務の弁済とみなされ、前述の利息制限法の判例にもかかわらず、借主は制限を超えて支払った利息の元本充当や返還請求ができないとされている〔みなし弁済（法43条）〕。「任意に支払った」とは、その利息が利息制限法の制限を超えていることや超過部分の契約が無効であることまでの認識は必要がないとされている（最判平2.1.22）。法43条の要求する「書面」の「交付」要件は極めて厳格に解釈されている（最判平16.2.20）。同法は、ヤミ金融業者対策のために2003年（平成15年）に改正され、登録要件の厳格化、取立て・広告に対する規制の強化等を加え、貸金業者が業として年109.5％を超える利息の契約をしたときは、当該消費貸借を無効とする規定が設けられた（法42条1項）。出資取締法の刑罰に加えて、民事上も一切の利息請求ができなくなるという制裁を課すことで違法な超高金利を禁圧しようとする趣旨である。

[資料2]

物権の種類

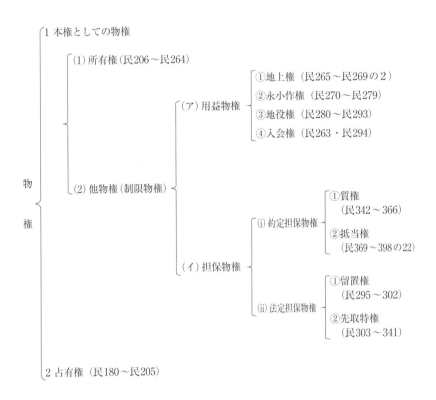

[資料３]

1 登記申請書の記載例

登記申請書

登記の目的　所有権移転
原　因　平成弐壱年五月壱〇日売買
権利者　東京都新宿区西新宿一丁目弐番壱号
　　　　　　　　　　　　　　東　京　一　雄
義務者　東京都中野区東中野二丁目壱番弐号
　　　　　　　　　　　　　　大　阪　真　二
添付書類
　原因証書　登記済証　印鑑証明書
　住所証明書　代理権限証書
平成弐壱年五月壱日申請　東京法務局新宿出張所御中
代理人　東京都新宿区百人町三丁目参番参号
　　　　司法書士　岡　山　登　㊞
登録免許税　金壱百万円
課税価格　金壱億円
不動産の表示
　所　在　東京都新宿区南新宿二丁目
　地　番　八番
　地　目　宅地
　地　積　壱弐参・六〇平方メートル

2 建物の登記簿謄本（認証文等省略）

甲　区　（所　有　権）		順位番号
事　項　欄	所有権保存	壱

事項欄（壱）:
平成弐壱年参月参日受付
第参〇〇号
共有者　東京都新宿区新宿二丁目弐番弐号
　　　　持分弐分の壱　山　田　和　雄
　　　　東京都新宿区新宿二丁目壱番弐号
　　　　弐分の壱　山　田　花　子
代位者　東京都渋谷区渋谷一丁目壱番壱号
　　　　　　　　　　　　大　倉　幸　一
代位原因　平成弐壱年弐月弐〇日売買の所有権
　　　　　移転登記請求権　㊞

3 土地の登記簿謄本（表題部、認証文等省略）

甲　区　（所　有　権）		順位番号
事　項　欄	所有権移転	弐
	所有権移転	参

事項欄（弐）:
平成拾八年九月九日受付
第九〇〇〇号
原因　平成壱弐年壱月五日売買
所有者　東京都新宿区新宿一丁目壱番壱号
　　　　　　　　　　岡　本　春　雄　㊞

事項欄（参）:
平成弐壱年壱月五日受付
第壱〇〇〇号
原因　平成弐壱年壱月五日売買
所有者　東京都渋谷区千駄ヶ谷一丁目参番弐号
　　　　株式会社遠山建設　㊞

4　抵当権設定登記

乙　区（所有権以外の権利）		
順位番号	事　項　欄	
壱	抵当権設定 平成弐壱年参月七日受付 第参七〇号 原因　平成弐壱年参月七日金銭消費貸借同日設定 債権額　金参千万円 利　息　年六％ 損害金　年壱弐％ 債務者　東京都新宿区新宿二丁目弐番弐号 　　　　　　　山　田　和　雄 抵当権者　東京都中野区中野一丁目壱番壱号 　　　　　　株式会社　山川銀行㊞	

択一問題（第7回）

次の記述のうち、誤っているものの記号を1つ記せ。

ア．物権は、その権利をすべての人に主張できる絶対性があるが、債権は、債務者に対してのみ、一定の行為を請求し得るだけである。

イ．物権では、同じ物の上に同じ内容の物権が2つ以上成立することは法律上できない（排他性）が、債権では、同じ債務者に対して同じ内容の債権が2つ以上成立することは法律上さしつかえない。

ウ．同じ物の上に同じ内容の物権と債権が存在するときは、物権が債権に優先する。その例が、「売買は賃貸借を破る」である。

エ．Aは土地所有者であるBからその土地を賃貸借により借地権を取得し、自己の建物を所有している。ところが、近所のCがある日勝手に不燃物を大量にその土地に投棄してAに嫌がらせを始めた。Bは、自己の所有権にもとづいて不法に投棄された大量の不燃物を排除することをCに請求できるが、借地権にもとづく土地の占有者にすぎないAは、占有権にもとづいては、Cに対してその不法投棄された大量の不燃物をその土地から排除するように請求することはできない。

オ．物権は、その絶対性と排他性から法律の定めたものと異なる種類の物権を作り出すことはできないが、債権は私的自治の原則が妥当し、法律とは異なる債権債務関係を生じさせることも可能である。

第8章
債権の対外的効力

1．債権の発生原因

債権はどのような原因で発生するのであろうか。民法の定める債権発生原因は次の4つである。

（1）契約（民549条〜）

これは、相対する2個以上の意思表示の合致した法律行為であって、債権の発生を目的とするものをいう。契約こそ債権の発生をもって本来の目的とする制度である。典型的には、贈与（549条*）、売買（555条*）、消費貸借（587条*）、賃貸借（601条*）等が挙げられる。

ア）契約の意義

契約とは、例えばXがYに自己の所有する建物を1,000万円で売りたいという意思を表示し（申込み）、YがXに対して1,000万円でその建物を買おうという同意の意思表示（承諾）をした場合のように、当事者の相対立する意思表示が合致することによって成立する法律行為をいう。

イ）契約の種類

1）双務契約・片務契約

　①双務契約……契約によって当事者双方が債務を負担し、それが対価（報酬）たる意義を有するもの。売買契約、賃貸借など。例えば、不

動産売買では不動産所有権の移転と売買代金が、建物賃貸借では家屋の賃貸と家賃が、それぞれ対価関係にある。

*民555条（売買）「売買は、当事者の一方がある財産権を相手方に移転することを約し、相手方がこれに対してその代金を支払うことを約することによって、その効力を生ずる。」
*民601条（賃貸借）「賃貸借は、当事者の一方がある物の使用及び収益を相手方にさせることを約し、相手方がこれに対してその賃料を支払うことを約することによって、その効力を生ずる。」

②片務契約……契約によって一方の当事者だけが債務を負担するもの。例えば、贈与が挙げられる。

*民549条（贈与）「贈与は、当事者の一方が自己の財産を無償で相手方に与える意思を表示し、相手方が受諾をすることによって、その効力を生ずる。」

2）有償契約・無償契約
①有償契約……当事者双方が互いに対価的意義を有する給付を成すかどうかの区別である。当事者双方が債務を負担する双務契約は、ことごとく有償契約である。
②無償契約……当事者の一方のみが給付（財産上の支出）をなす契約をいう。贈与・使用貸借*等が挙げられる。

*民593条（使用貸借）「使用貸借は、当事者の一方が無償で使用及び収益をした後に返還をすることを約して相手方からある物を受け取ることによって、その効力を生ずる。」

3）要物契約・諾成契約
①諾成契約……当事者双方の単なる合意のみで契約が成立するもの。
②要物契約……単なる合意では足らず、物の引渡し、その他の給付を必要とするもの。
　　　　　　　例えば、消費貸借（民587条）、使用貸借（民593条）、寄託（民657条*）等が挙げられる。

*民587条（消費貸借）「消費貸借は、当事者の一方が種類、品質及び数量の同じ

物をもって返還することを約して相手方から金銭その他の物を受け取ることによって、その効力を生ずる。」
*民657条（寄託）「寄託は、当事者の一方が相手方のために保管をすることを約してある物を受け取ることによって、その効力を生ずる。」

4）有名（典型）契約・無名契約・混合契約
①有名契約…民法の規定する13種の契約（贈与、売買、交換、消費貸借、使用貸借、賃貸借、雇用、請負、委任、寄託、組合、終身定期金、和解）をいう。
②無名契約…先述のどの契約にも属さないものをいう。例えば、宿泊契約や出版契約が挙げられる。
③混合契約…有名契約の2種以上のものの性質を兼ねているもの。例えば、注文によって物を作成して売る契約（製作物供給契約）は、請負と売買の両性質を兼ねるものである。例えば、注文者Aがオーダーメイドのスーツを洋服職人Bに注文したとする。Bは自分の仕事場で自ら生地などの材料と労力を提供して洋服を製作し、これを注文者Aに引き渡したと考えられる。Aの注文によりスーツを製作する点は、請負*と考えられる。他方、Bによる製作物の所有権の移転に対してAが代金を支払う点は売買である。そこで通説は、このような契約を製作物供給契約と呼んで、両契約要素が混同した混合契約と考えている。
*民632条（請負）「請負は、当事者の一方がある仕事を完成することを約し、相手方がその仕事の結果に対してその報酬を支払うことを約することによって、その効力を生ずる。」

（2）事務管理
　　意義：義務はないのに他人（本人）のためにその事務を処理する行為をいう。
民697条1項「義務なく他人のために事務の管理を始めた者は、その事務の性質に従い、最も本人の利益に適合する方法によって、その事務の管理（「事務管理」という）をしなければならない。」

例えば、頼まれないのに旅行中の友人の財産を管理するというように、義務なくして他人の事務を管理する行為である。民法はこれに関して、その事務の処理を始めた者の義務・事務の処理に必要な費用の償還請求などについて規定する（民698条～702条）ので、当事者はこれらの債権・債務を取得することになるのである。

（3）不当利得
　　　意義：法律上の原因がないのに他人の損失において利益を受けることを
　　　　　　いう。
　民703条「法律上の原因なく他人の財産又は労務によって利益を受け、そのために他人に損失を及ぼした者は、その利益の存する限度において、これを返還する義務を負う。」
　一度債務を弁済した後に誤って二重に弁済したというように、一方に損失が生じ他方はこれによって利得を受け、しかもこれをそのままにすることが法律の要求する公平の原則に反するという場合、法律が利得の返還を命ずる制度である。当事者は、これによって利得償還の債権債務を取得することになる（703条～708条）。

（4）不法行為
　　　意義：その行為によって他人に生じた損害を賠償する責任が生ずる場合
　　　　　　に、その行為を不法行為という。
　民709条「故意又は過失によって他人の権利又は法律上保護される利益を侵害した者は、これによって生じた損害を賠償する責任を負う。」
　故意あるいは誤って他人に怪我をさせたというような違法な行為であるが、民法はその効果として、加害者が被害者に対して損害を賠償する義務を負うものとして規定している（709条～723条）。当事者は、これによって損害賠償の債権債務を取得することになるのである。

2．債権の対外的効力［責任財産の保全］

　債権は、本来債務者に対してしかその効力を及ぼし得ない。しかし債務者が無資力であるなど一定の場合に、強制執行の準備のために債権者が債務者の財産管理権に介入し、債務者の責任財産を保全する制度が設けられている。債権者の有する債権が債務者以外の第三者にもその効力を及ぼすので、債権の対外的効力と呼ばれてきた。民法上債権の対外的効力として認められてきたのは、債権者代位権と詐害行為取消権である。債権者代位権は、債務者が自己の有する権利を行使しないときに、債権者が債務者に代わってその権利を行使するものである。一方、詐害行為取消権は、債務者が積極的に自己の財産を減少させる法律行為を行った場合に、債権者がその法律行為を取消す権利である。

　なお責任財産とは、強制執行の対象となる債務者の財産をいう。債権の最後のより所は債務者の財産であり、債権の効力は、究極的には強制執行して債務者財産がその金銭を支払うに足るだけ存在するかどうかにかかっている。その意味で、債権者にとって責任財産の保全は重要な意義を有する。

（1）債権者代位権

1）意義

　債権者が自己の債権の十分な弁済を受けるため、債務者が他人（第三債務者）に対して有する権利を代わって行使する権利をいう。

　　民423条「①債権者は、自己の債権を保全するため、債務者に属する権利を
　　　　　　　行使することができる。」
　　　　　　「②債権者は、その債権の期限が到来しない間は、裁判上の代位に
　　　　　　　よらなければ、前項の権利を行使することができない。ただし、
　　　　　　　保存行為は、この限りでない。」

　これは、フランス民法1166条（action oblique）にならった規定である。

2）要件

　①債権者の債権を保全するために必要であること。原則として、債務者が無資力であること。ただし、登記請求権等の特定債権（非金銭債権）の場合

は、債務者の無資力は要件とはならない（判例）。
②債務者自らその有する権利を行使しないこと。
③債権が原則として、履行期にあること。行使方法は裁判外でよい。例外として、債権者の債権の期限が未到来の場合は裁判上の代位によらなければならない。ただし保存行為は、債権の期限が未到来であっても代位権を債権者は行使し得る。例えば、債務者の所有する不動産の保存登記をする、あるいは債務者の有する債権の消滅時効を中断するとか、債務者の有する権利について第三者の取得時効が成立するのを防ぐため、その取得時効を中断する行為等が考えられる。

　ここで注意しなければならないのは、代位権の行使は、債権者が債務者の名ではなく、債権者自身の名において債務者の権利を行使することである。債務者の代理人になるのではない。

3）効果
①行使の効果は、ことごとく債務者に帰属する。
②債権者甲、債務者乙、第三債務者丙とした場合、甲債権も乙債権も金銭債権の場合、甲は自己の金銭債権の範囲で、丙に乙債権の金銭から直接自己に引渡すよう請求できる（判例）。これは、債権者代位権の行使によって代位債権者が優先的に満足を受ける権利だという帰結を承認することになる。この結果は、債権者代位権が債務者の責任財産（一般財産）の保全を目的とする制度趣旨であることに反するように見える。他の一般債権者も債務者財産によって究極的に担保されるはずであり、代位債権者の優先的満足を承認することは、代位債権者を一般債権者よりも優遇することになるからである。しかしこの結果を否定しても、債務者が受領できず、または拒否した場合には、代位債権者への金銭の引渡しを認めざるを得ない。通説も「制度の欠陥」としてこれを認める。

4）事例
①AはBに対して100万円の金銭債権を有しているが、BはCに対する債権を放置していて、その債権の消滅時効が完成しそうになっている。このような場合に、AはBに代わって債務の弁済を請求し、それを取り立てること

ができる。

②債務者が未登記の家屋を買ったが、登記をしないので売主が保存登記をして第三者に二重譲渡してしまうおそれがある場合に、債務者に代わって登記する。未登記不動産の譲受人は、譲渡人に代位して保存登記ができる（判例）。この保存登記に基づいて、債務者に代位して譲受人たる債務者への移転登記を請求できる。

③土地の買主が移転登記請求権を保全するために、第三者に対して売主の有する登記請求権を代位行使する（大判明43.7.6）。不動産が甲→乙→丙と転売されたところ、未だに甲→乙間の移転登記がなされていない場合、丙は乙に対する登記請求権を保全するために、乙の甲に対する移転登記請求権を代位行使することができる（判例）。そして、丙は自己の乙に対する登記請求権に基づき、丙への移転登記を乙に請求できる。

④土地の賃借人が賃借権を保全するため、土地の使用収益を妨害する不法占有者に対して、賃貸人（所有者）の所有権に基づく妨害排除請求権を代位行使することができる（最判昭39.10.15）。

（注）上記③④は金銭債権ではなく、特定債権の保全を目的としたもので、「債権者代位権の転用」と呼ばれる。先述（1）2）要件の箇所で述べたように、特定債権の保全のために債権者代位権が利用されるときは、債務者の無資力はその要件とならない（大判明43.7.6, 大判大9.11.11）。

（2）詐害行為（債権者）取消権（民424条・425条）

1）意義

債務者のなした法律行為によって債権者の債権が害される場合に、債権者がその行為（詐害行為）を裁判上取消し得る権利をいう。

民424条「①債権者は、債務者が債権者を害することを知ってした法律行為の取消しを裁判所に請求することができる。ただし、その行為によって利益を受けた者又は転得者がその行為又は転得の時において債権者を害すべき事実を知らなかったときは、この限りでない。

②前項の規定は、財産権を目的としない法律行為については、適用

しない。」

　沿革的には、フランス民法1167条（action Paulienne）にならった規定である。詐害行為取消権の法的性質に関しては諸説がある。詐害行為の取消しと解する形成権説、逸出財産の取戻しと考える請求権説、責任法的無効をもたらす形成権と解する責任説、アクチオというローマ法に起源を持つ実体法上の権利と訴訟法上の権利が融合している訴権であると解する訴権説等が挙げられる。しかし判例・通説は、詐害行為取消権は詐害行為を取り消しかつ逸出した財産の取戻しを請求する権利と解している（折衷説）。

2）要件

①財産権を目的とする法律行為であって、財産権を目的としない婚姻・離婚・養子縁組等の家族法上の行為は、取消しの対象とならない。これは、詐害行為取消権が債務者の責任財産を保全するために認められた権利であり、家族法上の法律行為は本人の意思を尊重すべきであり、第三者の介入による取消しに適さないからである。相続の放棄は、それによって債務者の財産状態が悪化するおそれはあるが、取消しの対象とはならないとされた（判例）。

②債権者を害する行為であること。「債権者を害する」とは一般に、その行為によって債務者の財産が減少し、その結果、債権者の債権が完全な満足を得られなくなること。すなわち、債務者が無資力となることである。

③詐害の意思と悪意

　（i）債務者の詐害意思

　　　債務者がその行為の当時、それによって債権者を害することを知っていたことを必要とする。しかし詐害の意思は、共同担保が減少することについての認識があれば足り、特定の債権者を害する意図まで必要ではないとされている（通説・判例）。

　（ii）受益者・転得者の悪意

　　　詐害行為によって債務者から利益を受けた者を受益者、受益者からさらに譲渡等により利益を得た者を転得者と呼ぶ。債務者による詐害的法律行為が取り消されるための受益者および転得者の主観的要件としては、

債権者を害する意図は必要なく、その事実を認識していれば十分であると解されている。ただし、立証責任は受益者・転得者が負い、受益者・転得者が債権者を害する事実を知らなかったことを立証しなければならない。ただし、転得者が悪意である場合でも、転得者に対して取り消されるのは受益者・転得者の行為ではなくて、債務者・受益者の行為であることを注意しなければならない。

3）効果
①取消しの効果は相対的なものであって、取消権を行使した債権者とその取消相手方（被告）の間でのみ取消しの効果を生ずる（大連判明44.3.24）。その結果、取消訴訟で敗訴した被告は、取消原告たる債権者に対しては債務者・受益者との間の法律行為の有効性を主張できないが、債務者と受益者間ではその法律行為は有効に存在することになる。
②効果の帰属（民425条との関係）
民425条「前条の規定による取消しは、すべての債権者の利益のためにその効力を生ずる。」
　ⅰ）取消債権者は、取戻す動産あるいは金銭を、債務者ではなく自己に引き渡すべきことを請求することができる（大判大10.6.18）。
　ⅱ）その結果として、取消債権者は事実上の優先弁済を得る（取り戻した金銭の債務者への返還債務と自己の債権とを相殺する）。
　ⅲ）取戻しの目的物が不動産の場合には、債務者名義の登記の回復（抹消登記、移転登記でもよい）を請求するにとどまり、たとえ取消債権者がその不動産について引渡請求権を有する場合であっても、直接自己に対する移転登記手続を請求することはできない（最判昭53.10.5）。
　ⅳ）したがって、取戻しの目的物が不動産（動産であっても登記・登録制度のあるもの）である場合には、取消債権者以外の債権者も取消債権者の強制執行に配当加入することができる。
　ⅴ）取消の相手方は自己の債権をもって、按分比例による配当要求を抗弁＊として主張することはできない（最判昭46.11.19）。

＊［抗弁］民事訴訟において、原告の請求を排斥するため、被告が原告の権利主張・

事実主張を単に否定・否認するのではなく、自ら別個の事項を主張すること。例えば、金50万円は、確かに借りたがすでに返したという返還の事実を主張する場合である。この場合、返還の事実は金銭の借主が証明しなければならない点で否認とは異なる。

4）事例
①甲は乙に対して3,000万円の金銭債権を有していたが、乙は時価500万円相当の土地以外に財産を有していない。ところが、乙はその土地を息子である丙に贈与したため無資力になってしまった。
②AはBに対して債権をもっているが、Bは自分の資産の中の唯一めぼしい財産である山林を非常に安価でCに売った。Cはそれをさらに Dに転売し、現在その山林はDの所有である。
③XはAに対して1億円以上の債権を有していたところ、Aは妻Yと離婚しAの唯一の資産である二筆の土地（時価約989万円）をYに財産分与として譲渡した。

5）判例
「詐害行為と財産分与事件」（最判昭58.12.19）（詐害行為取消請求事件）
①事実
　　X信用組合はAに対して1億円以上の債権を有していたが、その弁済を受けないうちにAは昭和51年11月に倒産した。Aは同年12月22日に妻Yと協議離婚し、Yに財産分与（民768条1項）として時価約989万円の二筆の土地（以下本件土地と呼ぶ）を譲渡した。このAからYへの本件土地の譲渡が詐害行為にあたるとして、Xは右財産分与による譲渡の取消しを求めて出訴した。それまでの事実の経緯は次の通りである。
　　（ア）Aは昭和22年にYと婚姻し同31年からクリーニング業を始めたが、同49年頃からクリーニング業をYに任せA自身は不動産業および金融業を営むようになり、この事業のためにX信用組合から手形貸付や手形割引を受けるようになった。
　　（イ）AとYとの間には5人の実子が生まれたが、Aは同37年頃から生活態度が乱れ、B女と情交関係を結んで子供までもうけ、家庭お

よび家業たるクリーニング業を顧みなくなった。そのためこの頃からYは、Aに代わってクリーニング業を営み一家の生計を支えてきた。

(ウ) Yは、Aが49年頃から始めた不動産業・金融業およびA-X間の信用取引にはまったく関与していなかった。Aは上述した事業を一時は盛大に行っていたが、その後事業経営が思わしくなくなり、X信用組合に対して一億円以上の債務を負ったまま、同51年11月に倒産した。

(エ) Yは、Aの不貞行為および倒産によって精神的苦痛を受け、さらに自己および子供の将来が危ぶまれると考えて離婚を決意し、同年12月22日にY-A間で協議離婚をし、その届出も終えた。その際、AからYへの財産分与および慰謝料として、クリーニング業の利益によって購入されたA名義に登記されていた本件土地をYに譲渡し、所有権移転登記も経由された。なお、本件土地上にクリーニング店の建物が存在している。

(オ) そこでXは、本件土地がAの所有する唯一の資産であるから、これをYに譲渡することは、それがたとえ離婚に伴う財産分与としてなされたものであっても詐害行為となると主張して、右譲渡の取消しを訴求した。

第1審判決・第2審判決ともに、Xの請求を棄却した。その理由は、次の通りである。

i) 本件土地の取得についてYの寄与がAよりも大きいこと。
ii) 離婚がAの不貞行為を原因とすること。
iii) Yにとって本件土地が生活の基礎となっていること。
iv) これらの事情を考慮すると、Aが債務超過に陥っているとしても、本件土地の譲渡が財産分与として特に不当であると認めることはできない。

これに対してXから上告をした。その理由は、債務超過の状態にあるAにはそもそも分与すべき財産が存在しないのであり、そのような者の行った財産分与は、分与義務の範囲外の行為として債権者取消権の対象となる

というものであった。

②判旨

[上告棄却]

i) 離婚における財産分与は、夫婦が婚姻中に有していた実質上の共同財産を清算分配するとともに、離婚後における相手方の生活の維持に資することにあるが、分与者の有責行為によって離婚をやむなくされたことに対する精神的損害を賠償するための給付の要素をも含めて分与することを妨げられない。財産分与の額および方法については、当事者双方がその協力によって得た財産の額その他一切の事情を考慮すべきものであることは、民法768条3項の規定上明らかである。

ii) したがって、分与者が、離婚の際既に債務超過の状態にあること、あるいは財産を分与すれば無資力になるということも考慮すべき右事情のひとつにほかならず、分与者が負担する債務額及びそれが共同財産の形成にどの程度寄与しているかどうかも含めて、財産分与の額及び方法を定めることができるものと解すべきであるから、分与者が債務超過であるという一事によって、相手方に対する財産分与をすべて否定するのは相当でなく、相手方は、右のような場合であってもなお、相当な財産分与を受けることを妨げられないものと解すべきである。

iii) 分与者が既に債務超過の状態であって、当該財産分与によって一般債権者に対する共同担保を減少させる結果になるとしても、それが民法768条3項の規定の趣旨に反して不相当に過大であり、財産分与に仮託された財産処分であると認めるに足りるような特段の事情のない限り、詐害行為として債権者による取消しの対象となりえないものと解するのが相当である。

iv) 本件土地は、Yの経営するクリーニング店の利益から購入したものであり、その土地取得についてのYの寄与はAのそれに比して大であって、もともとYは実質的にAより大きな共有持分権を本件土地について有しているものといえること、離婚原因はAの不貞行為に基因するものであること、Yにとっては本件土地は従来から生活の基盤となってきたものであり、Y及び子供らはこれを生活の基礎としなければ今後の生活設計の見通しが立て難いことなどの諸般の事情を考慮するとき、本件土地がAにとって実質的に唯一の不動産に近いものであることをしんしゃくしてもなお、Yに対する本件土地の譲渡が離婚に伴う慰謝料を含めた財産分与として相当なものということができる。

(参考)

民法768条「①協議上の離婚をした者の一方は、相手方に対して財産の分与を請求することができる。

②前項の規定による財産の分与について、当事者間に協議が調わないと

き、又は協議をすることができないときは、当事者は、家庭裁判所に対して協議に代わる処分を請求できる。ただし、離婚の時から二年を経過したときは、この限りでない。
③前項の場合には、家庭裁判所は、当事者双方がその協力によって得た財産の額その他一切の事情を考慮して、分与をさせるべきかどうか並びに分与の額及び方法を定める。」

設問1

　XはYにさら地を建物所有の目的で貸した。その直後、Zは何の権限もないのにそこにプレハブの住宅を建築してしまった。Yは、XにZを立ち退かせるよう何度も請求したが、XはZが暴力団だからといって何もしない。
　（1）YはXの有している所有権に基づく妨害排除請求権を代位して行使することができるか。
　（2）Yは、自己の賃借権に基づいて妨害の排除を求めることができるか。

［参考］民法423条「債権者は、自己の債権を保全するため、債務者に属する権利を行使することができる。ただし、債務者の一身に専属する権利は、この限りでない。」

設問2

　AはB所有の土地・建物を500万円で買い、400万円は契約と同時に支払い、100万円は3か月後に登記と引換えに支払うことになった。ところがBは、Cの経営する会社の営業部長に迎えられることになり、それを徳として、Cに上記の土地・建物を150万円で売却し移転登記を終えてしまった。Bには他に見るべき財産がなく、Cもその状態は知っていた。
　（1）憤慨したAは、Cを被告として売買契約を取り消して、その不動産を返せと訴えを起こした。Aは金銭債権者ではないから、そのような権利はないとCは主張する。この主張はとおるか。
　（2）Cがさらに悪意のDに200万円で売却した。この場合、Aは自己の債権を保全するためにどうすればよいか。なお、B、C、D間の関係をどう考えるべきか。
　（3）もし、Dが善意であるとしたら、Aとしてはどうすればよいか。

［参考］民法424条「債権者は、債務者が債権者を害することを知ってした法律行為の取消しを裁判所に請求することができる。ただし、その行為によって利益を受けた者又は転得者がその行為又は転得の時において債権者を害すべき事実を知らなかったときは、この限りでない。」

択一問題（第8回）

次のアからオまでの記述のうち誤っているものの記号を記せ。

ア．債権の発生原因としては、契約、事務管理、不当利得、不法行為が挙げられ、契約こそ債権の発生を本来の目的とする制度である。
イ．債権の対外的効力として、債権者代位権と詐害行為取消権があり、どちらも債務者の責任財産の保全を目的とする制度である。
ウ．土地の買主が移転登記請求権を保全するため、第三者に対して売主の有する登記請求権を代位行使する場合は、債権者代位権の転用であって、債務者の無資力を要件としない。
エ．詐害行為取消権の行使において、取消の目的物が金銭あるいは動産の場合には、取消債権者は直接自己に引き渡すことを請求できる。
オ．詐害行為取消権の行使において、取消の目的物が不動産の場合、取消債権者がその不動産について引渡請求権を有する場合には、直接自己に対して移転登記を請求することができる。

第9章
行為能力と意思表示

1. 制限行為能力者（民4～20条）

(1) 行為能力

1) 意義

行為能力とは、法律行為を単独で有効にすることができる法律上の地位あるいは資格をいう。

法律行為とは、売買や賃貸借のように当事者が一定の法律効果の発生を欲する旨を表示したことに基づいて、その法律効果の発生することを認められる法律要件をいう。

2) 趣旨

意思無能力者（意思能力をもたない者）のした法律行為は無効である。しかし、意思能力の有無は行為者ごとに個別具体的に判断しなければならず、その立証は困難である。そこで、取引をする能力が劣る者を一定の形式的な基準で画一的に定め、行為当時に具体的に意思能力があったかどうかを問わず、一律に法律行為を取り消すことができるものとしてこれらの者を保護することにした。

すなわち、制限行為能力者が財産上の法律行為によって不当に不利益を受けないことを目的とすると同時に、取引の安全を保障する制度である。

（2）制限行為能力者

制限行為能力者には、次の1)未成年者、2)成年被後見人、3)被保佐人、4)被補助人が挙げられる。

1）未成年者

20歳未満の者をいう（民4条）。未成年者が法定代理人の同意を得て法律行為をすれば、これを取り消せない。

2）成年被後見人

精神上の障害により事理（物事の道理）を弁識する（認識して区別する）能力を欠く常況にあって、家庭裁判所の審判を受けた者をいう（民7条）。成年被後見人の場合は、成年後見人の同意を得てなされた行為も取り消すことができる。ただし、成年被後見人は、日用品の購入その他日常生活に関する行為については、行為能力が認められ、取り消すことはできない。成年後見人が、成年被後見人に代わって、その居住の用に供する建物またはその敷地について売却、賃貸、賃貸借の解除または抵当権の設定その他これに準ずる処分をするには、家庭裁判の許可を得なければならない（民859条の3）。成年被後見人にとってその居住する建物または敷地は、生活の基盤となる重要な財産であり、売却、賃貸借の解除等はその重要な財産に法律関係上大きな変動を生じさせるものだからである。成年被後見人の保護のために認められた規定である。

3）被保佐人

精神上の障害により事理を弁識する能力が著しく不十分な者で、家庭裁判所の審判を受けた者をいう（民11条）。被保佐人は、元本の領収・利用、借財・保証、不動産に関する権利の得喪を目的とする行為等民法13条に掲げる法律行為をするには、保佐人の同意を得なければならない。保佐人の同意を得ないでした行為は取消すことができる（民13条4項）。なお、先述民法859条の3の規定は、被保佐人保護の趣旨から保佐人に準用（876条の5：2項）されている。

4）被補助人

精神上の障害により事理を弁識する能力が不十分（軽度の痴呆・知的障

害・精神障害等）で、家庭裁判所の審判を受けた者をいう。補助の審判を受けるかどうかは、本人の意思による（民15条2項）。補助人には当然有する権利はなく、代理権・同意権を与えるかどうかは審判による（15条3項・17条1項）。

5）取消権者

行為能力の制限によって取消すことのできる行為は、制限行為能力者またはその代理人、承継人もしくは同意をすることができる者に限り、取消すことができる（民120条）。

6）取消しの効果

取り消された行為は、初めから無効であったものとみなす（民121条）。これを遡及的無効という。ただし制限行為能力者は、その行為によって現に利益を受けている限度において、返還の義務を負う（民121条ただし書き）。なお、この遡及的無効という取消しの効果は、次に述べる詐欺・強迫等の瑕疵ある意思表示の場合の取消しの効果にも適用される。

2．意思表示

意思表示とは、一定の法律効果の発生を欲する意思を外部に対して表示する行為をいう。

（1）心裡留保

1）意義

表意者が真意ではないことを知りながら表示する単独の意思表示をいう。民93条「意思表示は、表意者がその真意ではないことを知ってしたときであっても、そのためにその効力を妨げられない。ただし、相手方が表意者の真意を知り、又は知ることができたときは、その意思表示は、無効とする。」

2）効果

原則は有効だが、相手方が真意を知り、または知りうべき場合は無効で

ある。心裡留保が原則として有効なのは、取引の安全のために表示を信頼した相手方を保護する趣旨である。婚姻や離婚のような真意を重んじる身分上の行為には適用すべきではない。

例えばAが、自慢のパソコンを売る気もないのに10万円なら売ってもよいと、Bにはまさか買えまいと思って言ったところ、Bは買おうと応えどこからか10万円集めてきた場合、売買契約は成立するか。

(2) 虚偽表示
1) 意義

相手方と通じて行った真意ではない意思表示をいう。例えば、債権者からの追及を免れるために仮装で他人に財産を譲渡したり、資力があることを示すために架空の預金証書を作るといったように、相手方と通じてなす虚偽の意思表示。

民94条「①相手方と通じてした虚偽の意思表示は、無効とする。
　　　　②前項の規定による意思表示の無効は、善意の第三者に対抗することができない。」

2) 効果

真意ではないから、無効である。しかし、善意の第三者には対抗できない（94条2項）。意思表示の外形を信じて取引関係に入った者を保護する必要があるとともに、虚偽の意思表示により真実ではない外形を作り出した権利者がその権利を失う結果となっても自己の責任でありやむを得ない、と考えられるからである。本条第2項は、いわゆる表見法理＊の現れと解される重要な規定である。

＊［表見法理］：真実に反する外観を作り出した者は、その外観を信じてある行為をなした者に対し、外観に基づく責任を負うという外観通りの権利関係に対する信頼を保護する制度。「権利外観理論」ともいう。

例えば、AがBに不動産を仮装譲渡し、移転登記を経た。CはBを所有者と信じて該不動産を買い受けた。Aに故意・過失等の帰責事由があり、Cが善意・無過失であれば、Cは該不動産の所有権を有効に取得する。

(3) 錯誤
1) 意義
　　意思表示の生成過程に表意者の主観と現実との間にくいちがい（錯誤）があるため、表意者の意識しない表示と真意との不一致が生じている意思表示をいう。
民95条「意思表示は、法律行為の要素に錯誤があったときは、無効とする。ただし、表意者に重大な過失があったときは、表意者は、自らその無効を主張することができない。」
2) 効果
　　その意思表示は無効である。
①要素の錯誤
　　合理的に判断して、錯誤がなければ意思表示をしなかったであろうと認められる場合を「要素の錯誤」という。要素の錯誤かどうかの判定では、i) 因果関係とii) 重要性が要件となる（判例・通説）。
　i) 因果関係：その錯誤がなければ、表意者は意思表示をしなかったであろうと認められる関係があること。
　ii) 重要性：その点の錯誤がなければ意思表示しないであろうことが、通常人の基準からいっても、一般取引の通念に照らしてももっともであるほどの、重要な部分についての錯誤であること。
　　　　　　例えば、ドルとポンドの価値の相違に気づいていれば、表意者は1万ドルで売るとは言わなかっただろうし、同じような取引に携わる通常人なら、やはり1万ドルで売るなどとは言わないであろうときには、ドルとポンドの錯誤は「要素の錯誤」となる。
②動機の錯誤
　　一定の意思表示をする動機に錯誤があった場合を「動機の錯誤」という。その動機が表示されていれば民95条の錯誤となる。
　　例えば、Xは近くに新駅ができると聞いて、時価より高い2,000万円でYから当該土地を買ったところ、新駅の計画は取り止めとなった。

この場合、当該土地を2,000万円で購入する意思表示の表示と真意との間の不一致はない。ただ、購入する動機は新駅が建設される予定であるということで、新駅の建設計画の中止が、Xの当該土地を2,000万円で買うという意思表示の錯誤による無効をきたすかどうかが問題となる。"新駅が建設されるから"という動機が表示されていて、相手方がこれを知っているときは、その範囲内での錯誤は法律行為の「要素の錯誤」となると解される。このように解することが、表意者本人の保護と取引の安全とを調和させることになると考えられる。

(4) 詐欺・強迫による意思表示（96条）

民96条「①詐欺又は強迫による意思表示は、取り消すことができる。
　　　　③前二項の規定による詐欺による意思表示の取消しは、善意の第三者*に対抗することができない。」

＊[善意の第三者]：詐欺の事実を知らないで、詐欺による法律行為に基づいて取得された権利について、新たな利害関係に入った者をいう。

1) 第3項の趣旨

取引の安全のために善意の第三者を保護する必要があるとともに、詐欺にかかった者にはうかつな点もあるのが通常だから、公平の観点からその者が不利益を被っても止むを得ないと考えられる。

2) 効果

意思表示を取消すことができる。取消しの効果は、遡及的無効（民121条）であり、意思表示を行った時点にさかのぼって無効となる。

①詐欺：何らかの方法（欺罔(ぎもう)行為）により他人を錯誤に陥れ、それによって意思表示させること。

例えば、AはBから自分の所有する土地の隣に暴力団の本部事務所が近く開設されると知らされ、Bの求めに応じその土地を安く500万円で、Bに売却し登記を移転した。第三者Cは、その土地の登記がBにあることを確認し、Bから1,000万円でその土地を購入した。その後、Bの述べた

暴力団本部事務所の開設の話はまったくの嘘であることが判明した。そこで、AはBによる詐欺を理由にA-B間の売買契約を取り消した。Aは、Cに対して当該土地の返還を請求できるだろうか。

［解説］：Cは、詐欺の事実を知らないで、詐欺によるA-B間の売買契約に基づく当該土地についてB-C間の売買契約によりその土地について所有権を取得した者である。したがってCは、民法96条3項にいう"善意の第三者"に該当すると解される。Aの詐欺に基づく取消しは、善意の第三者に対抗できない（96条3項）から、AはCに当該土地所有権の返還を請求できないと考えられる。ただAはBに対して、詐欺により被った土地に関する損害を不法行為（民709条）に基づいて損害賠償請求することができるに止まると解される。

②強迫

i) 意義

他人に畏怖を与え、その畏怖によって意思表示させること。強迫行為とは、害悪を告知する行為である。意思決定の自由まで奪われる程度のものである必要はない。その場合は、その意思表示は無効である。

ii) 効果

強迫による意思表示は取消し得る。強迫の下になされた意思表示は、法的に効力あるものとして扱うことは適当でないからである。取消しは、第三者にも対抗できる（民96条3項の反対解釈）。

例えば、独り暮らしの女子大生Aのアパートにやくざ風の押売りBが上がり込み、ただの水を瓶につめたものを取り出し、これを飲むと肌つやがよくなりスタイルもよくなるから1本1万円で10本買ってくれ、と言った。Aがいらないと言うと、「あんたのそのきれいな顔に傷がついてもいいのか」とすごみ、片肌ぬいで腕の刺青を見せた。恐ろしくなったAは、しぶしぶ契約書にサインをした。契約は有効であろうか。

＊なお、上記①の詐欺の例で、Bが暴力団員であることを名乗ってAを強迫し、それによってA-B間に売買契約が結ばれ、当該土地のBへの移転登記がなされた場合は、たとえCが善意でも、Aが強迫による取消権を行使すれば、当該土地所有権はAに返還しなければならない。それによって被るCの損害は、Bに対して債務不履行（415条・416条）または不法行為（709条）による損害賠償として請求する他ない。

3．不法行為

[意義]：不注意で他人を傷つけたり、他人の物を壊したりした場合、当事者間に契約関係がなくても、加害者には一定の要件のもとでその行為によって他人に生じた損害を賠償する責任が生ずる。このように他人に生じた損害を賠償する責任が生ずる行為を不法行為という。

（1）一般不法行為

民709条「故意又は過失によって他人の権利又は法律上保護される利益を侵害した者は、これによって生じた損害を賠償する責任を負う。」

例えば、Xはわき見運転をしていたYの車に轢かれ、重傷を負って3か月入院し治療を受けたが、後遺症が残り、半身不随となって会社員の職を失った。このときYはどのような損害を賠償する義務を負うか。

1）要件
　①故意・過失があること。過失とは、注意義務違反（注意義務を尽くさなかったこと）をいう。加害者に故意・過失があったことの証明は、被害者の側が証明しなければならない。本事例では、XにYの故意・過失について立証責任*がある。契約法における債務不履行では、債務者が自己に帰責事由たる故意・過失がないことを証明しない限り債務不履行責任を免れないとされているが、この場合とは異なる。

　*［立証責任］：ある事実が存否不明のときに、いずれか一方の当事者がその事実を要件とした自分に有利な法律効果の発生が認められないことになる危険、または不利益をいう。挙証責任ともいう。

　②行為者に責任能力*があること。
　*［責任能力］：単に道徳的に悪いということを知るだけでなく、多少法律的な、すなわち損害賠償というようなやかましい問題になりそうなことを知る知能である。12〜13歳の少年が空気銃で人にけがをさせたときは、責任無能力と判示されている場合が多い。

③加害行為が違法なものであること。
  ア）違法性を決定するには、侵害された利益と侵害する行為の態様との両面から判断しなければならない。
  イ）侵害された利益が所有権その他の物権のように強い権利と認められたものならば、すべて、侵害行為は不法行為となる。
  ウ）営業上の利益や老舗(しにせ)というような必ずしもはっきりと権利とされていないものならば、特にその侵害行為が不当なものであることが必要である。
  エ）要するに、加害行為の態様と被侵害利益の種類とを相関的に考察し、法律の理想に照らして、違法性の有無を決すべきである。

④損害の発生

  損害賠償の対象となる損害には、財産的損害と精神的損害がある。財産的損害とはその侵害により経済的不利益が生じる場合をいい、精神的損害とは被害者の感じた苦痛・不快感等をいう。また財産的損害は、積極的損害と消極的損害に分けられる。前者は傷害の治療費等の現実に積極的に失われた財産的利益をいい、後者はその不法行為がなければ得られたであろう利益（得べかりし利益あるいは逸失(いっしつ)利益と呼ぶ）をいう。

  先述の例では、(a)Xが重傷を負い3か月入院し治療するのに要した治療費・入院費は、積極的損害といえる。また、(b)Xが半身不随になり会社の職を失ったために、本来ならば定年まで勤務し得べかりし給与相当額・退職金は、消極的損害（逸失利益）である。ただし、Xが定年まで会社に勤務していた場合に、その間の生活費相当額は、消極的損害額からは差し引かれる。生活費は、Yの車に轢かれなくても生存している限り要する費用であるからである。(c)XがYのわき見運転という行為から重傷を負ったことにより味わった苦痛、また職を失ったことにより被った悔しさ・ショック等は精神的損害である。

⑤加害行為と損害の発生との間に因果関係があること。

  因果関係の立証責任は、被害者側（原告）にある。しかし不法行為には、医療過誤事件、公害、製造物責任（例えば薬害訴訟）のように、因果関係

の連鎖を証明するために専門的・科学的な知見が不可欠なものがある。また、証明すべき事実関係が加害者側の支配領域にあって、そこに近づくことがそもそも困難であるという場合も多い。このような当事者間の力関係の格差を考えると、被害者の救済を図るためには、立証責任の負担の軽減をする必要がある。被害者救済の観点から考えられた法的手段として、いわゆる「門前理論＊」がある。これは、次に取り上げる「新潟水俣病事件」で採用された理論である。

［新潟水俣病事件＊］（新潟地判昭46.9.29）（化学公害）

　本件は、メチル水銀による中毒症状（いわゆる水俣病）が被告の工場から排出された廃液に起因するかどうかの因果関係の存否が争われた事件である。

ア）因果関係の立証

次の3段階に分けて行う。

ⅰ）被害疾患の特性とその原因物質の特定

ⅱ）原因物質が被害者に到達する経路（汚染経路）

ⅲ）加害企業における原因物質の排出（生成から排出までのメカニズム）

　　企業の排水口から原因物質が排出され、その物質が川魚に蓄積され、その川魚を食べた人の人体に吸収された。

イ）判旨

「不法行為制度の根幹をなす衡平の見地から、上記ⅰ）ⅱ）が証明されれば、企業は自分の方で原因物質を出していないことを立証しない限り、因果関係が事実上推認される。」

＊［門前理論］：判旨に現れているように、因果関係を被害者の人体から企業の門前までたどれば、因果関係が推定され、あとは企業の方で因果関係がないことを証明する必要があるとする論理で、門前理論とも呼ばれる。

⑥賠償範囲の画定

　例えば、Aの発行する週刊誌には、ある不動産会社の社長Bが県からの注文を増やすため、県知事や県議会議員に賄賂を贈っている旨の記事が掲載さ

れていた。これを読んだBは、その記事はまったく事実無根であり、自己の名誉が毀損されたと思った。抗議するため個人タクシーを拾ってAの経営する雑誌社に急いで赴く途中、その個人タクシーと他の車が衝突し、Bは脳その他の身体部位に重傷を負い、近くの総合病院に搬送され緊急手術を受けた。Bの一人娘が、アルバイトの仕事を休んで1か月付き添った。しかしBの容態は好転せず、再手術を行うことになった。ところが再手術の際、医師の執刀ミスでBは死亡するに至った。Bの死亡の原因は、Aの名誉毀損の記事の掲載までさかのぼることができるが、Aは、Bの重傷・死亡の結果についてまでも損害賠償の責任を負うべきであろうか。

　この「どこまでの損害を加害者に賠償させるべきか」という不法行為による損害賠償の範囲は、どのように画定されるべきであろうか。直接的な不法行為による損害賠償の範囲に関する民法上の規定は存しない。そこで当事者間の公平の観点から、債務不履行による損害賠償の範囲の規定（民416条）が類推適用されることになる。民法416条の類推適用は、無限に続く可能性のある事実的因果関係に絞りをかける働きをする。

　これによると、不法行為による損害の賠償は、加害行為からその損害の発生が生ずることが社会通念上一般であると考えられる通常損害の賠償を原則とする（416条1項類推）。すなわち、加害行為と損害の発生との間に相当因果関係がある損害の賠償が原則となる。

　本事例では、A社にとってBが支払うべきタクシー代相当の金銭は損害賠償の対象となろう。ただし、A社の名誉毀損の程度がはなはだしく故意に行ったものであり、AがBは短気で興奮しやすい性格であることを知っており、Bが自己の車でA社へ赴く途中に他の車と衝突し重傷を負ったという場合は、AはBの入院費・治療費並びにBの娘が得るはずの1か月のアルバイト代を支払う責任を負うと考えられる。

　医療ミスによるBの死亡に起因する損害（Bが生存していれば得たであろう利益等）については、特別事情により生じた損害（特別損害）というべきであるから、AがBの名誉毀損行為を行った時点で、医師の治療ミスとBの死亡という結果が予見されていなければならない。本事例では、Aは医療ミス

によるBの死亡という結果は予見していないし、予見できなかったと考えられるから、AにBの死亡の結果による損害まではその責任を問うことはできないと解される。

［富喜丸事件］（大判大15.5.22）（損害賠償請求事件）

ア）事実

X所有の汽船富喜丸は、大正4年4月Y所有の汽船大智丸と衝突、沈没した。Xは、富喜丸の沈没が大智丸船長の過失によるとして、Yに対し(a)第一次世界大戦により船価が最も騰貴した大正6年8月当時の船価180万円余、(b)すでに締結されていた大正4年末までの傭船契約による得べかりし傭船料1万7,000円余、(c)大正5年以降3年間の得べかりし傭船料170万円余、を損害賠償として請求した。

イ）判旨

「民法416条の規定は共同生活の関係において人の行為とその結果との間に存する相当因果関係の範囲を明らかにしたるものに過ぎずして独り債務不履行の場合にのみ限定せらるべきものにあらざるを以て不法行為に基づく損害賠償の範囲を定るについても同条の規定を類推してその因果律を定むべきとす。……（中略）……被害者において不法行為なかりせばその騰貴したる価格を以て転売その他の処分をなしもしくはその他の方法により該価額に相当する利益を確実に取得したるべき特別の事情ありてその事情が不法行為当時予見し又は予見し得べかりし場合にあらざればかかる損害賠償の請求をなすこと得ざるものとす。」

ウ）解説

本件におけるXの請求する(a)の損害賠償は、特別損害に当たると判決は述べている。そして特別損害の賠償を請求するには、Yの側にXが(a)の船価180万円を取得することにつき予見していたかまたは予見可能性がなければならないが、本件ではその予見・予見可能性が認定できない。したがって、Xの(a)の請求は棄却された。本件において初めて、不法行為の損害賠償の範囲に関し民法416条の類推適用を大審院が認め、以後確立した判例となっている。

2）効果

被害者には加害者に対する損害賠償請求権が発生する。損害賠償は別段の意思表示がないときは、金銭をもって行う。金銭賠償（722条1項による417条の準用）が原則である。

（2）使用者責任

民715条「①ある事業のために他人を使用する者は、被用者がその事業の執行について第三者に加えた損害を賠償する責任を負う。ただし、使用者が被用者の選任及びその事業の監督について相当の注意をしたとき、又は相当の注意をしても損害が生ずべきであったときは、この限りでない。
②使用者に代わって事業を監督する者も、前項の責任を負う。
③前二項の規定は、使用者又は監督者から被用者に対する求償権の行使を妨げない。」

1）趣旨

①報償責任

使用者責任は、「利益の存するところ損失も帰せしめるとの見地から、被用者が使用者の事業活動を行うにつき他人に損害を加えた場合には、使用者も被用者と同じ内容の責任を負うべきもの」（最判昭63.7.1）という報償責任の思想に基づく。使用者は他人を使用して自己の活動範囲を広げることができる。活動範囲の拡大は、一方では使用者に利益をもたらすが、他方では損害発生の危険もそれだけ増大する。この意味では、使用者の責任は危険責任ともいえる。

②危険責任

被用者（危険源）を支配する立場にある者に課される責任をいう。

③代位責任

使用者責任を報償責任ないし危険責任で根拠づけることはできるが、使用者の責任は、使用者自身の故意・過失に基づくものではなく、他人である被用者が不法行為によって負う損害賠償責任を、その被用者に代わって

負うものである。すなわち自己責任ではなく、代位責任である（通説）。
2）意義
　使用者は、被用者が第三者に損害を加えた場合には、それが「事業の執行について」なされたものである限り、自らが賠償責任を負担しなければならない。
3）要件
　①「事業に使用する」とは、極めて広く解してよい。一時的に他人を使用するのでもよい。営利的なものに限らない。また、使用関係が現実にあればよく、基礎となる契約が無効であっても構わない。しかし、選任・監督の余地のあるものでなければならないから、タクシーを雇うことなどは入らない。
　②「事業の執行について」損害を加えた場合でなければならない。「事業の執行について」とは、行為の外形上事業行為自体と認められるもの、およびこれと適当な牽連（けんれん）関係に立つ行為を含む（「外形理論」外形標準説*）。すなわちこの「外形理論」とは、被用者の職務執行行為そのものには属さないが、その行為の外形から観察して、あたかも被用者の職務の範囲内の行為に属するものと認められる場合を包含すると解する判例の採る立場である。
　　「事業」は企業的活動である必要はなく、日常的に仕事と呼ばれるほどのものであれば、すべて事業に含まれる。例えば、他人に依頼して行ってもらった庭の手入れも「事業」である。したがって、一時的なものでもよいし、営利的なものであるか否かも問わない。

＊［外形理論］に関する判例（最判昭39.2.4）（損害賠償請求事件）
　1）事実
　　　自動車販売会社Y_1の販売課に勤務するY_2は、昭和32年6月14日の退社後映画見物をして最終列車に乗り遅れたため、会社に引き返してY_1所有のウイルスジープ普通自動車（本件自動車）を引き出し、これを運転しつつ帰宅する途中、自転車に乗った訴外Aに追突して同人を死亡させた。ところで、Y_2は、Y_1の業務では本件自動車を使用していたが、通勤には平素は国鉄を利用しており、Y_1の内規は、会社業務のために自動車を使用する場合であっても上司の許可を得なければならないと定め、また私用に使うことを禁止しており、事故当夜のY_2の自動車運

転は、この内規に違反するものであった。

　本件自動車事故に関して、Aの妻子であるX_1〜X_4（原告）は、Y_2の709条責任並びにY_1の使用者責任（715条）に基づき、損害賠償を請求した。この訴えに対し第1審・第2審ともに、Y_2の不法行為責任とY_1の使用者責任を肯定した。そこで、Y_1・Y_2より上告。Y_1は上告理由において、本件事故はY_2がY_1に無断で自動車を運転中に発生したものであって、Y_1の事業執行と何ら関連性がないと主張した。

　2）判旨（上告棄却）

　「民法715条に規定する『事業の執行につき』というのは、必ずしも被用者がその担当する業務を適正に執行する場合だけを指すのではなく、広く被用者の行為の外形を捉えて客観的に観察したとき、使用者の事業の態様、規模等からしてそれが被用者の職務行為の範囲に属するものと認められる場合で足りるものと解すべきである。この見地よりすれば、Y_2の前記行為は、結局、その職務の範囲内の行為と認められ、その結果惹起された本件事故による損害はY_1の事業の執行により生じたものと解するのが相当であるから、被用者であるY_2の本件不法行為につき使用者であるY_1がその責任を負担すべきものであるとした原審の判断は、正当である。」

③使用関係が存在しなければならない。両当事者に実質的な指揮監督関係が認められれば、使用関係があるとされている。

　例えば、兄が出先から自宅に連絡して弟に自分の所有する車で迎えに来させた上、運転歴の浅い（運転免許取得後約半年）弟に運転させ、帰宅する途中で交通事故（車と車の衝突事故）が発生した。兄は助手席に座り、事故発生直前にも弟に対して「ゴー」と合図して発進の指示をしたことが認められている。この事故については、兄弟間に使用関係があるとされた（最判昭56.11.27）。

　［判旨］：「右事実関係のもとにおいては、兄は、一時的にせよ弟を指揮監督して、その自動車により自己を自宅に送り届けさせるという仕事に従事させていたということができるから、兄と弟との間に本件事故当時兄の右の仕事につき民法715条1項にいう使用者・被使用者の関係が成立していたと解するのが相当である。」

4）効果

　使用者は、被用者が加えた損害の賠償責任を負う。

設問1

　甲は、自己の所有する土地を本当は売る気がないのに売ると言い、乙はこの事情を知りながら買うと答え、この合意に基づいて、甲から乙への移転登記がなされた。そして乙はこの土地を善意の丙に転売し、乙から丙への移転登記もなされた。甲は自己に売却の真意がなかったことを理由に、丙に対して移転登記の抹消を求め得るか。

［参考］民法94条「①相手方と通じてした虚偽の意思表示は、無効とする。
　　　　　　　　②前項の規定による意思表示の無効は、善意の第三者に対抗することができない。」

設問2

　Ａ自動車製造・販売会社は、下請負業者ＢにＡ名義で自動車部品の製造をさせていた。Ｂの被用者Ｃは、Ｂ所有自動車をＢに無断で持ち出し、妻Ｄを同乗させ私用のために運転中事故を起こし、歩行者Ｅおよび妻Ｄを負傷させた。
１）ＥはＡに対して損害賠償し得るか。適用すべき法条はなにか。
２）Ｂが事故車の保有者として強制保険に加入しているとき、Ｄは保険金の支払を受け得るか。
３）Ｅが信号を無視してとび出したため、Ｃが避けきれず事故を起こした場合、Ｃの責任は認められるか。

［参考］（自動車賠償保障法3条）（自動車損害賠償責任）
　　「自己のために自動車を運行の用に供する者は、その運行によって他人の生命又は身体を害したときは、これによって生じた損害を賠償する責に任じる。ただし、自己及び運転者が自動車の運行に関し注意を怠らなかったこと、被害者又は運転者以外の第三者に故意又は過失があったこと並びに自動車の構造上の欠陥又は機能の障害がなかったことを証明したときは、この限りでない。」

［参考判例］（最判昭47.5.30）「『妻は他人』判決」
　　自賠法3条は自己のために自動車運行の用に供する者（以下運行供用者）および運転者以外の者を他人といっているのであって、被害者が運行供用者の配偶者であるからといって、そのことだけでかかる被害者が右にいう他人に当たらないと解すべき論拠はなく、具体的な事実関係のもとにおいて、かかる被害者が他人に当たるかどうか判断すべきである。
　　本件事実関係（甲は所有自動車を運転中、対向して進行してきたバスとすれ違うとき、衝突を避けようとして車を左に寄せすぎたため、左側の崖から車ごと崖下の川に転落し、同乗中の甲の妻乙を負傷させた）の下において妻乙は、本件事故当時、自賠法3条にいう運行供用者・運転者もしくは運転補助者といえず、同条にいう「他人」に該当するものと解するのが相当である。

[資料]

制限能力者の比較

制限能力者の種類	要件	能力の範囲	保護者	保護者の権能	行為の効果
未成年者	20歳未満の者［民4］	特定の行為［民5①但、③、⑥①］だけ単独にすることができる。	法定代理人（親権者又は後見人）［民5①］	同意権・代理権［民5①、824］	同意を得ないでした行為は取り消すことができる［民5②］。
成年被後見人	精神上の障害により事理を弁識する能力を欠く常況にあって家庭裁判所の審判を受けた者［民7］	単独にできる行為は原則としてでない［民9ただし書き参照］。	成年後見人［民8］	代理権だけ［民859］	常に取り消すことができる［民9］。ただし、日用品の購入その他日常生活に関する行為については、この限りでない［民9ただし書］。
被保佐人	精神上の障害により事理を弁識する能力が著しく不十分な者で家庭裁判所の審判を受けた者［民11］	特定の行為［民13①②］だけ単独でできない。	保佐人［民12］	原則は同意権。代理権付与の審判があれば代理権［民876の4①］	同意又はこれに代わる許可を得ないでした行為は取り消すことができる［民13④］。
被補助人	精神上の障害により事理を弁識する能力が不十分な者で家庭裁判所の審判を受けた者［民15］	補助人の同意を要する旨の審判を受けた特定の行為だけ単独でできない［民17①］。	補助人［民16］	同意権。代理権付与の審判があれば代理権［民876の9①］	同意又はこれに代わる許可を得ないでした行為は取り消すことができる［民17④］。

択一問題（第9回）

次の記述のうち、誤っているものの記号を1つ記せ。

ア．未成年者が法律行為を行うには、法定代理人の同意を要するが、親権者たる母親が与えた小遣いで、10歳の子どもがケーキを買った場合、この売買契約を取り消すことはできない。

イ．成年被後見人は、後見人の同意を得れば、単独で有効な法律行為を行うことができる。

ウ．近くに新駅ができると聞いて時価より高く土地を買ったところ、新駅は開設されなかった場合、動機の錯誤であり、原則として錯誤による無効の主張はできない。

エ．Aは、その債権者からの執行を免れるため、所有の土地について、Bと相図って仮装の売買をし登記名義をBに移した。Bは自己に登記のあることを幸いに事情を知らないCに売却した。Aは通謀虚偽表示を理由に、Cに該土地の返還を請求できない。

オ．AはBの強迫により自らの土地をBに売却し、BはこれをさらにCに登記を移転した。AはAB間の契約を取消すとともに、Cに登記の抹消を請求することができる。

第10章 親族・相続

1．婚姻

夫婦関係は婚姻によって成立する。婚姻が法律上成立し、その効果が認められるには一定の要件が充たされなければならない。

(1) 婚姻の成立要件
1) 実質的要件
　①婚姻意思が当事者に存在すること。
　②民731条以下の要件を具備していること。
2) 形式的要件
　③戸籍法の定める届出がなされること（民739条）。

　実質的要件のうち、①を欠くと婚姻は無効となり、②を欠くと婚姻は原則として取り消し得る。③の欠缺は、婚姻の不存在と考えられている（判例・通説）。

(2) 実質的要件
1) 婚姻意思の合致
　当事者の婚姻意思は確定的なものでなければならず、条件や期限になじまない。

2）婚姻障害事由の不存在
　①婚姻適齢：男18歳、女16歳に達していること（731条）。
　②重婚でないこと（732条）。
　③待婚期間100日を経過していること（733条1項）。
　④配偶者となるものが一定の近親者（近親婚）でないこと。すなわち、直系血族または三親等内の傍系血族でないこと（734条）。
　⑤直系姻族の間では、婚姻をすることができない。姻族関係が終了した後も同様である（735条）。
　⑥未成年者の婚姻につき親の同意があること（父母の一方の同意があること）（737条）。

（3）形式的要件
　①婚姻は、当事者双方および成年の証人2人以上から口頭または署名した書面によって届け出て初めて成立する（739条）。
　②婚姻は受理によって成立し、戸籍簿の記載を要しない（判例）。
　③成年被後見人もその成年後見人の同意を要しない（738条）。

（4）婚姻の無効・取消し
1）無効原因
　①婚姻意思がないとき（742条）。例えば、生まれた子に嫡出子の身分を与えるという目的のためにのみする届出や、国籍取得という他の目的のために届出をするといった仮装婚姻の場合が挙げられる。
　②届出がないとき。届出は、婚姻の成立要件か効力要件かという問題がある。成立要件説に立てば婚姻は不成立ということになるし、効力要件説に立てば成立はするが、婚姻としての効力は発生しないということになる。742条2項は、当事者が婚姻の届出をしないときは無効と規定している。しかし、わが民法は法律婚主義を採用しており（739条）、届出がなければそもそも婚姻は不存在である。先述（1）の2）の形式的要件で述べたところである。
　［子に嫡出性を付与するための婚姻の効力］に関する判例

(最判昭44.10.31)（婚姻無効確認本訴並びに反訴請求事件）
① 事実

　X（原告）は大学生で、Y女（被告）は保健婦である。Y女は上司A（Xの父）方に下宿し、間もなくX・Y間に肉体関係ができ、その後、結婚を約束するに至った。しかしこの結婚にはXの両親が反対で、Y女は他に下宿することになったが、なお2人の関係は続き、Y女は三度妊娠中絶をした。Xが大学を卒業し、他県に就職赴任した後、Y女はそこに近い所に家を借り、XはY女のもとに通い送金をし、四度目の妊娠・出産を励まし子（B女）の命名をした。ところが、XはC女との間に結婚話がまとまり、勤務先の上司からY女との関係を清算するように注意されたので、XはC女と結婚する旨を告げたが、Y女はこれに反対した。XはY女・その家族との話合いの結果、せめて子供だけでも入籍させたいという強い希望で、XはいったんY女との婚姻届を出して子供を入籍し、その後に離婚するという便宜的手続を認めることにし、誓約書を作成した。XはC女と予定通り挙式し、共同生活に入り、Y女との関係を絶った。しかしY女はXとの離婚届に応じないので、Xは婚姻当時、婚姻をする意思がなかったとして、婚姻の無効を主張し、Y女はこれを争うとともに慰謝料請求の反訴を提起した。

　第1審・第2審とも、婚姻の届出当時、届出の意思はあったが、婚姻の意思すなわち夫婦関係の設定を欲する効果意思を有しなかったとして、婚姻は無効と判示した。

② 判旨

　　［上告棄却］

i）たとえ、婚姻の届出自体について当事者間に意思の合致があり、ひいて当事者間に、一応、所論法律上の夫婦という身分関係を設定する意思はあったと認めうる場合であっても、それが単に他の目的を達するための便法として仮託されたものであるにすぎないもので、前述のように真に夫婦関係の設定を欲する効果意思がなかった場合には、婚姻はその効果を生じないものと解すべきである。

ii）本件婚姻の届出に当たり、XとYとの間には、B女に右両名間の嫡出子として地位を得させるための便法として婚姻の届出についての意思の合致はあったが、Xに

は、Y女との間に真に前述のような夫婦関係の設定を欲する効果意思はなかったというのであるから、右婚姻はその効力を生じないとした原審の判断は正当である。

2）婚姻の取消し

一定の場合に婚姻は取り消すことができる。

①取消原因

未成年者の婚姻に対する親の同意を除く婚姻障害（731条～736条）と詐欺・強迫による場合である（744条、747条）。

②主張方法

取消しは必ず訴えによることを要する（744条）。もっとも調停前置主義の結果、家庭裁判所において審判が行われる。

③取消しの訴えの期間

提起には期間の制限がある（745条～747条）。

④効果

取消しの効果は遡及しない（748条①）。民法総則における法律行為の取消しのように、遡及効を認める（121条）と身分法上の関係者に重大な影響を与えることになる。例えば、取り消されるまで嫡出子たる身分を有していた子が非嫡出子ということになり相続分にも影響が生じることになる等である。そこで婚姻の取消しは、審判または判決が確定して初めて、婚姻は将来に向かってその効力を失うこととし、それまでは夫婦間に同居・協力・扶養義務や婚姻費用の分担義務が機能し（752条、760条）、子は嫡出たる地位を保持できるとする。

(5)　婚姻の効果

1）夫婦同氏（750条）「夫婦は、婚姻の際に定めたところに従い、夫又は妻の氏を称する。」婚姻関係が継続する限り、夫婦は同一の氏を称する。

2）成年擬制（753条［行為能力］）「未成年者が婚姻をしたときは、これによって成年に達したものとみなす。」婚姻した未成年者は、私法上成年者と同等の能力をもつことになり、契約等有効に法律行為を行うことができる。これは、未成年者であっても婚姻をした以上は相当程度に成熟したと解され、配

偶者を得て婚姻生活を営む者に対して親権が及び、法定代理人の同意を得ないでした法律行為を取り消し得る（5条2項）とすることは、法律関係を不安定にするからである。また、未成年婚姻者の法律行為の取消しを認めることは、婚姻共同体と取引をする相手方の期待に反し、かえって弊害を生ずるおそれがあるからである。

3）同居・協力・扶助義務（752条）「夫婦は同居し、互いに協力し扶助しなければならない。」同居は、精神的かつ肉体的な夫婦共同生活の基盤をなすもので、協力・扶助とは夫婦共同体を維持するための経済的共同を意味する。

4）夫婦間の契約取消権（754条）「夫婦間でした契約は、婚姻中、いつでも、夫婦の一方からこれを取消すことができる。ただし、第三者の権利を害することができない。」

　［立法理由］①夫婦は、夫婦相互の溺愛と威圧によって契約することがある。
　　　　　　②夫婦間の問題を裁判所の力を借りて解決することは夫婦の円満を害する。

　［判例］婚姻が実質的に破綻しているときには、取り消し得ない（最判昭42.2.2）。754条は、正常な夫婦関係を前提としているからである。

5）夫婦財産制
　①夫婦別産制（762条）「ⅰ）夫婦の一方が婚姻前から有する財産及び婚姻中自己の名で得た財産は、その特有財産（夫婦の一方が単独で有する財産をいう）とする。
　　　　　　　　　　　ⅱ）夫婦のいずれに属するか明らかでない財産は、その共有に属するものと推定する。」

　　ⅰ）特有財産は、たとえ夫婦であれ自分の物は自分の物であるという原則を認めたものである。

　　ⅱ）共稼ぎ夫婦が資金を出し合って不動産を取得した場合には、双方の共有となる（判例）。ただし、「夫婦間の合意で、夫の買い入れた土地の登記簿上の所有名義人を妻としただけでは、右の土地を妻の特有財産と解すべきではない。」（最判昭34.7.14）。

　②婚姻費用*分担義務（760条）「夫婦は、その資産、収入その他一切の事情

を考慮して、婚姻から生ずる費用を分担する。」

夫婦を中心とする生活共同体を維持するのに必要な費用をいかに分担させるかは、夫婦各自の資力を考慮して、夫婦が協議で決定すればよい。夫婦間で協議が不調・不能のときは、家庭裁判所が定める（家事審判法9条1項乙類3号）。

* ［婚姻費用］：未成熟子を含む生活共同体を維持するのに要する費用をいう。夫婦の生計費、未成熟子の養育費、入院治療費等すべてを含む。

③日常家事債務の連帯責任（761条）「夫婦の一方が日常の家事に関して第三者と法律行為をしたときは、他の一方は、これによって生じた債務について、連帯してその責任を負う。ただし、第三者に対して責任を負わない旨を予告した場合は、この限りでない。」

夫婦の一方が負う日常家事債務については、反対の意思を予め表示していない限り他方も連帯責任を負う。夫婦は、夫婦共同体を維持していく上で、衣食住にわたる生活に必要な日用品等の購入、あるいは共同生活維持に必要な金銭の借り入れ等の債務を負担するのが現実である。夫婦の一方が負担した債務で「日常性」と「家事性」を有する債務は、他方もまた連帯債務を負う。

［趣旨］
　日常家事債務は、名義人固有の債務というよりむしろ生活共同体の債務であり、生活共同体に権利主体を認めることができないから、他方に連帯責任を課することによって取引の相手方を保護するものである。

［判例に現れた対象例］
　(a) 電気料金の支払い、(b) 賃料・延滞賃料の支払債務、(c) 納税資金調達債務、(d) お買物小切手帳利用契約とそれに基づく商品購入契約、(e) 電子レンジ購入契約等

［対象外――日常家事に該当しない例］
　(a) 夫婦の一方の固有財産、特に不動産を他方が処分する行為（最判昭43.7.19）、(b) 金銭の借用、

これは、夫婦の経済的生活実態が大きく影響し、金銭の使途を問題とするのが判例の傾向といえる。

［簡易裁判所判決に現れた例］
 i) 妻に暴力をふるい、仕事にもつかない夫がクレジットカード契約をして布団を購入した債務を日常家事の範囲外とした（大阪簡裁判昭61.8.26）。
 ii) 34万円余の幼児用教育機器の購入のためのクレジット契約は、日常家事債務に属するとした（釧路簡裁判平3.2.27）。
 iii) 夫の収入に比して著しく高額な太陽温水器を妻が購入した債務は、日常家事債務に含まれないとした（門司簡裁判昭61.3.28）。
 iv) 妻が転売による現金めあてに電子レンジを購入し、間もなく家出をしたケースにつき、日常家事に含まれるとした（武蔵野簡裁判昭51.9.17）。

［761条の代理権と民法110条*の表見代理*］に関する判例
（最判昭44.12.18）（土地建物所有権移転末梢登記手続請求事件）
　①事実
　　　X（原告）とAとは夫婦であり、本件土地建物は、婚姻前からXの所有する特有財産であり、X名義の登記がなされていた。昭和37年にXの夫Aの経営する商社が倒産し、Aは多額の債務をYに対して負うことになった。そこでAは、Xの代理人として本件土地建物を売却し、その売買代金に代えて、YがAに対して有する債権をXに譲渡して債務の決済を図った。昭和37年4月にA－Y間で売買契約が締結され、Yに所有権移転登記がなされた。これを知ったXは、Aと昭和39年に離婚するとともに、本件売買契約はXのまったく関知しないもので無効であると主張して、本件不動産の抹消登記手続を請求して本訴に及んだ。
　　　Yは、次のように述べて争った。Xは、自らAに自己の印鑑および印鑑証明を交付しており、登記手続は、実際AがこれらのX名義の必要書類を用いて行ったものであるから、AがXの代理人でないとしても、表見代理は成立する。さらに契約当時X－Aは婚姻関係にあり、民法761条によってAは日常家事に関してXを代理する権限を有していたのであるから、Yとしては、Aが本件不動産の売却につき代理権を有すると信じたものであ

り、そのように信じたことについて正当な理由がある。

第1審・第2審ともにX勝訴であった。X−A間に代理権の存在を認めず、表見代理は適用の余地がないとした。

②判旨

　　［上告棄却］

ア）民法761条は、夫婦は相互に日常家事に関する法律行為につき他方を代理する権限を有することを規定したものである。

イ）日常家事の具体的範囲は、個々の夫婦の社会的地位、職業、資産、収入等によって異なり、また、その夫婦の共同生活の存する地域社会の慣習によっても異なる。

ウ）日常家事の範囲か否かを決するにあたっては、民法761条が夫婦の一方と取引関係に立つ第三者の保護を目的とする規定であることに鑑み、単にその法律行為をした夫婦の共同生活の内部的な事情やその行為の個別的な目的のみを重視して判断すべきでなく、さらに客観的に、その法律行為の種類、性質等をも充分に考慮して判断すべきである。

エ）［民法761条と民法110条との関係］夫婦の一方が本条所定の日常家事に関する代理権の範囲を超えて第三者と法律行為をした場合においては、その代理権を基礎として一般的に110条所定の表権代理の成立を肯定すべきではなく、その越権行為の相手方である第三者においてその行為がその夫婦の日常の家事に関する法律行為に属すると信ずるにつき正当な理由のあるときに限り、同条の趣旨を類推して第三者の保護を図るべきである。さらに、客観的に、その法律行為の種類、性質等も充分考慮して判断すべきである。

オ）本件では、Yにおいて、Aが日常家事のため売買契約をしたものと信ずるにつき正当な理由があったものとはいえない。

＊［表見代理］：無権代理すなわち代理権のない者が代理人と称して行為をした場合のうち、その者と本人との間に特殊な関係があるために民法が本人に責任を負わせて相手方を保護しようとする制度をいう。

＊民法109条［代理権授与の表示による表見代理］「第三者に対して他人に代理権を与えた旨を表示した者は、その代理権の範囲内においてその他人が第三者との間でした行為について、その責任を負う。ただし、第三者が、その他人が代理権を与えられていないことを知り、又は過失によって知らなかったときは、この限りでない。」

＊民法110条［権限外の行為の表見代理］「前条本文の規定は、代理人がその権限

外の行為をした場合において、第三者が代理人の権限があると信ずべき正当な理由があるときについて準用する。」

(6) 内縁
1) 意義
　婚姻の社会的実体はあるが、婚姻の届出がなされていない男女の関係で、事実婚ともいわれる。
　法律婚主義の下では、社会的には結婚している夫婦であっても、法律上の夫婦でない生活共同体が生じる事実がある。
2) 効果
　戸籍と結びつく以下の婚姻の効果を認めることはできない。
　①氏（750条）、②成年擬制（753条）、③子の嫡出性（772条①）、④相続権（886条～1044条）
3) 類推的効果
　しかし、事実上夫婦共同体としての実体は存在するわけだから、共同生活に基づく効果は認められる。
　①同居協力扶助義務（752条）、②婚姻費用分担義務（760条）、③日常家事債務の連帯責任（761条）、④別産制（762条）等は類推適用される。

(7) 重婚的内縁
1) 意義
　法律婚姻と重婚関係に立つ内縁をいう。
2) 効果
　財産分与請求権（768条）が認められるか否かが問題となる。
　　次に挙げる判例では、(a)重婚的内縁に民法768条の類推適用が許されるか、(b)法律婚の存在について悪意の当事者に民法768条の類推適用が許されるか、(c)重婚的内縁関係の場合において、すでに内縁が解消されていることが財産分与請求の要件となるかが問題とされた。

3）［判例］（広高判松江支部昭40.11.15）（財産分与請求事件）
　①事実
　　Y男とA女は法律上の夫婦であり、Yの不貞行為等が原因で別居するに至ったが、Aは離婚に応じなかった。やがてYは仲介人の紹介でX女と見合いをし、X女と近所の主婦ら関係者を招いて結婚式を挙げ同棲するようになった。Xは、Yに戸籍上の妻がいることを知らされていたが、Y－A間の夫婦関係はまったく形骸化し、形式的なものに過ぎないとの認識をもっていた。いずれ正式に入籍してもらえる日が来るだろうという気持ちで事実上の夫婦としての共同生活を営み一子を設けた。しかしYとXは、Yが働きに出ずXが我がままであるため、挙式１年余りで夫婦円満を欠くようになった。しばらくしてXは肺結核にかかり、入院・治療を続けてきた。その後、病気治癒後Yの元に帰宅して家事労働に従事してきたが、Yは病弱であるXに対する同情はまったく示さなかった。そこでXは、Yとの内縁関係を解消し財産分与を得た上で、その財産を基に他所に小さな家を建てそこに居住したいと決意した。なお、AはYと別居後、X－Yの挙式後東京都に移住しY－A間に生まれた長女・次女と暮らし、現在まで30年近くYとは戸籍上の夫婦として残っているだけである。Yは、Xの財産分与請求に対して、重婚関係にある内縁の妻には財産分与を請求する権利はないと主張した。
　②判旨
　　　［原審判を取消す］

　ア）相手方に法律上の婚姻関係が存しても、それが事実上離婚状態にあり、かつ、男女が共同生活の本拠を有して相当期間生活を継続し、周囲からも容認されているような状況により、夫婦共同生活の実体があると認められる場合は、右共同生活の解消に際し、民法768条の類推適用が許される。
　イ）重婚的関係にあることを認識していた者であっても、法律婚離婚状態に至ったことにつき何等の責任のない者に対しては、同じく民法768条の類推適用が許される。
　ウ）いわゆる重婚の内縁の場合には、すでに客観的状況において内縁が解消されていることは財産分与の要件ではない。

2．離婚

（1）婚姻の解消

婚姻は、死亡と離婚によって解消する。

1）協議離婚

夫婦は、合意で離婚をすることができる。

民法763条「夫婦は、その協議で、離婚をすることができる。」

2）裁判離婚

当事者間で離婚の合意が得られず、家事審判法24条による離婚の審判が下されない場合は、判決により離婚をすることができる。

民法770条1項「夫婦の一方は、次に掲げる場合に限り、離婚の訴えを提起することができる。

　①配偶者に不貞行為があったとき

　②配偶者から悪意で遺棄されたとき

　③配偶者の生死が3年以上明らかでないとき

　④配偶者が強度の精神病にかかり、回復の見込みがないとき

　⑤その他婚姻を継続し難い重大な事由があるとき」

4号の精神病離婚を認めるかどうかが、次に述べる有責主義から破綻主義へ移行する突破口になったと考えられている。また、5号は抽象的要件を定めたもので、わが民法が一般的破綻主義を採用している表れと解されている。

3）有責主義と破綻主義

離婚を認めるためには、常に配偶者の一方に非難されるべき有責行為のあることが必要か、事実上の婚姻の破綻があれば足りるかによる区別である。

①有責主義：夫婦の一方に有責行為があれば、他方に離婚を認める主義。

②破綻主義：婚姻の破綻という結果さえ存在すれば、その原因の如何を問わず離婚を認める主義。この主義にも2つの立場がある。

　ⅰ）消極的破綻主義　破綻による離婚の請求は認めても、有責配偶者からの請求はみとめられないとする立場をいう。

ii) 積極的破綻主義：有責配偶者からの請求であっても、婚姻が破綻してしまった以上離婚をみとめる立場をいう。
4）離婚法の流れ
①有責主義から破綻主義へ
　離婚法は、有責主義から破綻主義へと推移してきた。
②具体的離婚原因から一般的離婚原因（抽象主義）へ
　離婚に具体的離婚原因を要するとする立場から、一般的離婚原因があれば足りるとする立場に発展してきた。
　［具体例］(a)性格の不一致、(b)性生活の異常、(c)夫婦の一方に対する暴行・虐待・重大な侮辱、(d)難病、(e)夫婦の一方と他方親族との不和、(f)悪意の遺棄に至らない同居・協力扶助義務違反、(g)精神病、等

(2) 有責配偶者からの離婚請求
1)「踏んだり蹴ったり判決」（最判昭27.2.19）（離婚請求事件）―消極的破綻主義
　①事実
　　　X男・Y女は夫婦で約10年間の結婚生活を経ている。XはYと婚姻中であるにもかかわらず、婚姻外のA女と情交関係を結び、子供まで生まれた。そこでYは、嫉妬の余りにXに暴言を吐きまた殴打し、あるいはXの頭髪を引っ張り、頭から水をかけた上、出刃包丁を振り回す等の暴行を繰り返した。Xは、Yの行為に耐えかねて家を出て他所に別居し、旧民法813条5号の裁判離婚原因「配偶者より同居に堪えざる虐待又は重大な侮辱を受けたとき」あるいは、現行民法770条1項5号にいう「婚姻を継続し難い重大な事由」に当たるとしてYとの離婚を請求した。
　　　これに対して、原審は旧民法813条5号及び現行民法770条1項5号には当たらないとして、請求を棄却した。
　②判旨
　　　［上告棄却］

> 原審の認定した事実によれば、婚姻関係を継続し難いのは、上告人Xが、妻たるYを差し置いて他に情婦を有するからである。Xさえ情婦との関係を解消し、よき夫としてYのもとへ帰り来るならば、何時でも夫婦関係は円満に継続し得べきはずである。即ち、Xの意思如何にかかることであって、かくの如きは未だもって前記法条(770条)にいう「婚姻を継続し難い重大な事由」に該当するものということはできない。結局Xが勝手に情婦を持ち、その為最早Yとは同棲できないから、これを追い出すということに帰着するのであって、もしかかる請求が是認されるならば、Yは全く俗にいう踏んだり蹴ったりである。法はかくの如き不徳義勝手気儘を許すものではない。道徳を守り、不徳義を許さないことが法の最重要な職分である。総て法はこの趣旨において解釈されなければならない。

2）昭和62年大法廷判決（最大判昭62.9.2）（離婚請求事件）——積極的破綻主義（判例変更）

①事実

X男・Y女は、昭和12年2月1日婚姻届をして夫婦となった。子が生まれなかったため、昭和23年12月にA女の長女と次女との養子縁組を結んだ。当初XとYは平穏な婚姻関係を続けていたが、XがAとの間に不貞関係を継続していることをYが知ってからXとYは不和となり、昭和24年8月からXはAと同棲するようになり、以来今日まで別居の状態にある。Yは、Xと別居後生活に窮したため、昭和25年2月にかねて処分権を与えられていたX名義の建物を24万円で他に売却し、その代金を生活費にあてたことはあるが、その他にはXから生活費等の交付は一切受けていない。Yは、右建物を売却後は実兄の家の一部屋を借りて住み、人形製作等の技術を身につけ、昭和53年頃まで人形店に勤務するなどして生活を立てていたが、現在は無職で資産をもたない。Xは、昭和26年頃東京地裁に対してYとの離婚を求める訴えを提起したが、同地裁は、昭和29年2月16日XとYとの婚姻生活が破綻するに至ったのは、XがAと不貞な関係にあったことおよびYを悪意で遺棄してAと同棲生活を継続していることに原因があるからで、Xの離婚請求は有責配偶者からの請求に該当するとして、請求棄却の判決を下し、同年3月判決は確定した。ところが、Xは昭和59年東京家裁に対してYとの離婚を求める旨の調停を申し立て、Yに財産上の給付

として現金100万円と油絵1枚を提供することを提案したが、Yはこれを受け入れず、調停は不成立となった。そこで、Xは本件訴えを提起した。

②判旨

　　　［破棄差戻し］

> (1) 民法770条1項5号は、同号所定の事由につき責任のある一方の当事者からの離婚請求を許容すべきでないという趣旨まで読み取ることはできない。
> (2) 離婚請求は、正義・公平の観念・社会的倫理観に反するものであってはならないことは当然であって、この意味で、離婚請求は身分法をも包含する民法全体の指導理念たる信義誠実の原則に照らしても容認されうるものであることを要す。
> (3) 信義則上、当該請求が許されるか否かの判断基準は次の通りである。
>   ①夫婦の別居期間が両当事者の年齢および同居期間との対比において相当長期に及ぶこと（本件では、別居期間は約36年に及ぶ）。
>   ②未成熟子が存在しないこと。
>   ③相手方配偶者が離婚により、精神的・社会的・経済的に極めて過酷な状態に置かれないこと。
> (4) 離婚請求を認容することが、著しく社会正義に反するといえるような特段の事情の認められない限り、当該請求は、有責配偶者からの請求との一事をもって許されないとすることはできないとものと解するのが相当である。

3）離婚の効果

(ア) 子の監護

　両親が離婚をする場合に、親権者・監護者は子の福祉を指針として定める。

(a) 親権者の決定

　　民819条「①父母が協議上の離婚をするときは、その協議で、その一方を親権者と定める。

　　　　　　②裁判上の離婚の場合には、裁判所は、父母の一方を親権者と定める。」

　　親権は、父母の婚姻中は父母が共同して行う（818条3項）。しかし、離婚後も共同して親権を行うことは、父母が別居していることもあり何かと困難である。そこで、離婚に際して単独親権の行使として、父母のいずれが親権者となるかは、父母の協議または裁判所の決定に委ねている。

(b) 親権の内容

　民820条「親権を行う者は、子の監護及び教育をする権利を有し、義務を負う。」

　親権は、主として監護権と管理権並びに教育から成る。監護は、子が独立の社会人としての社会性を身につけるように肉体的に監督・保護することをいう。また管理とは、子が財産を有する場合にその財産を子のために管理し、また子の財産上の法律行為につき子を代理ないし同意を与えることである。この他に、子の精神的発達を図る配慮をする教育を施すこと、および子の生活費や養育費等の経済的負担である扶養も親権に含まれると考えられる。

(c) 監護者の決定

　民766条「①父母が協議上の離婚をするときは、子の監護をすべき者その他監護について必要な事項は、その協議で定める。協議が調わないとき、又は協議をすることができないときは、家庭裁判所が、これを定める。」

　民法は、親権者とは別に監護者を決定できると規定している。これは、親権の行使が不十分である等の場合に、子のために第三者を監護者に指定するのが適当な場合にその存在意義がある。

ⅰ) 面接交渉権

　民法の規定はないが、親権・監護権を有しない実親が子に会うことを権利として認める場合をいう。親の権利として面接交渉を認める立場にたっても、子の福祉が最優先されなければならない。

ⅱ) 養育費

　離婚しても親は子に対して扶養義務を負うことに変わりはない（877条1項）から、離婚後の未成熟子の養育に必要な費用を父母双方がどのように負担するかが問題となる。監護費用の分担の問題として、766条1項の「監護について必要な事項」の主たる内容であり、原則は父母の協議によるが、協議が調わないとき、または協議ができないときは家庭裁判所が定める（766条1項）。

（イ）財産分与請求権

768条1項「離婚した者の一方は、相手方に対して財産の分与を請求することができる。」

　i）趣旨

　　婚姻の解消に際し、当事者の公平な財産的救済をはかることを目的とする制度である。具体的には次の3つの内容を含んでいる。

　　①夫婦が協力して蓄積した共通財産関係の清算

　　②離婚に伴う損害の賠償

　　③離婚後生活に困窮する配偶者の扶養

　　なお、②に関係して、離婚に至らせた有責配偶者に対する相手方配偶者からの慰謝料を含めるかどうかが破綻主義の採用に関連して争われている。判例の見解は次の通りである。

　ii）判例（最判昭46.7.23）（慰謝料請求事件）

　　（a）事実

　　　　X女とY男は昭和34年9月頃から内縁関係を結び、昭和35年6月婚姻の届出をし、その間に一女をもうけたが、Xの提起した訴訟において昭和40年2月24日X・Yを離婚する旨の判決がなされた。この判決において、①離婚の原因についてはYに相当の責任があること、②子の親権者をYと定めること、③X・Yの資産状態、衣類については任意に引渡されていること、④その他一切の事情を考慮した上、⑤YからXへの整理タンス一棹（さお）、水屋（食器ダンス）一個を財産分与する旨定められた。Xはその後Yに対しYの虐待のために離婚をやむなくされたことによる精神的苦痛に対する慰謝料として30万円を請求する本訴を提起した。

　　　　第1審は、諸般の事情を考慮し、慰謝料としては15万円が相当であると判決し、第2審もこれを支持した。そこで、Yが上告した。

　　（b）判旨

　　　　［上告棄却］

> 財産分与がなされても、それが損害賠償を含めた趣旨と解せられないか、そうでないとしても、その額及び方法において、請求者の精神的苦痛を慰藉（いしゃ）するに足りないと認められるときは、既に財産分与を得たという一事によって慰謝料請求権がすべて消滅するものではなく、別個に不法行為を理由として離婚による慰謝料を請求することを妨げられない。

3．親子

(1) 嫡出子（生来嫡出子）

妻が夫と婚姻中に懐胎して生んだ夫の子。

婚姻中に懐胎した子であれば、出生時に父母が離婚したため婚姻関係になくても、嫡出子である。

(例) Aが甲乙の婚姻中に懐胎されれば、その婚姻解消の日から、301日目に出生しても、Aは甲の嫡出子であり、甲の認知がなくても、甲A間に法律上の父子関係が成立する。

(2) 嫡出の推定

772条「①妻が婚姻中に懐胎した子は夫の子と推定する。

　　　　②婚姻成立の日から200日後、又は婚姻の解消若しくは取消しの日から300日以内に生れた子は、婚姻中に懐胎したものと推定する。」

(3) 父を定めることを目的とする訴え

733条に違反して再婚した女が出産した場合に適用される。

773条「733条第1項＊の規定に違反して再婚をした女が出産した場合において、前条の規定によりその子の父を定めることができないときは、裁判所が、これを定める。」

＊（733条1項）「女は、前婚の解消又は取消しの日から6か月を経過した後でなければ、再婚をすることができない。」

(4) 認知の訴え（強制認知）

認知とは、嫡出でない子（非嫡出子）について、その父または母との間に、意思表示または裁判により親子関係を発生させる制度をいう。ただし、母の認知については、通常の場合、母子関係は分べん（出産）の事実によって明確であるので認知は不要とされている（判例）。

787条「子、その直系卑属又はこれらの者の法定代理人は、認知の訴えを提起することができる。
　　　　ただし、父又は母の死亡の日から3年を経過したときは、この限りでない。」

認知の効果である親子関係の発生は、子の出生時にさかのぼる（784条）。

(5) 準正

非嫡出子が、その父母の婚姻によって嫡出子たる身分を取得すること。これには2種がある。

① 婚姻準正：父に認知された非嫡出子が、その父母の婚姻により婚姻の時から嫡出子の身分を取得する場合をいう（789条①）。
② 認知準正：認知を受けていない子が、父母の婚姻後に認知され、認知のときから嫡出子の身分を取得する場合をいう（789条②）。

(6) 養子縁組

自然の血縁の親子関係にない者の間に、人為的に擬制的親子関係を創設する制度。家庭のない子に家庭を与えることにより子の福祉をはかるというのが主たる趣旨である。

792条「成年に達した者は、養子をすることができる。」

1）要件
① 実質的要件：(a) 主観的要件：縁組意思の合致
　　　　　　　 (b) 客観的要件：尊属養子・年長者養子の禁止等（792条〜798条）
② 形式的要件：届出

2）効果

縁組の日から養親の嫡出子の身分を取得する（809条）。

3）代諾養子縁組（797条1項）

養子となるものが15歳未満であるときは、その法定代理人がこれに代わって縁組の承諾をすることができる。

4）未成年者を養子とする縁組

家庭裁判所の許可を得なければならない（798条）。

（設問）「他人の子を自分の嫡出子として届出した場合に、これを養子縁組として有効と解することができるか。」これは、藁（わら）の上からの養子の問題である。「藁の上からの養子」とは、藁（産褥＝お産をする寝床に敷くわら）の上から、子の生まれたことを世間に知らせる前にこれを貰い受け、自分たちの子として公示する子をいう。

この問題については、嫡出子の届出は虚偽のものであるから無効であり、届出が受理されても、実親子関係が生ずることはないが、「無効行為の転換」の一つとして養子縁組として有効と解されないかが問題となる。判例は、一貫して、養子縁組が要式行為であることを理由に否定している（最判昭50.4.8）。

＊［無効行為の転換］：法律行為が何らかの理由で当事者の意図した法律効果を生じない（無効）が、他の法律効果を生ずる要件を備えている場合に、当事者の意思を合理的に解釈して、後者の効果を生じさせること。例えば、自分の非嫡出子を嫡出子として出生届をした場合、嫡出子としての効果は生じないが、非嫡出子認知としての効力は生じる（最判昭53.2.24）。

4．親族と扶養

（1）親族の範囲（725条）

①6親等内の血族、②配偶者、③3親等内の姻族をいう。

（2）血族

血縁のつながっている者、養子縁組によっても血縁関係は発生する（法定血

族)。
① 直系：一方が他方の子孫にあたる関係
② 傍系：共通の始祖から分かれた枝の関係にあたる血族をいう。兄弟姉妹は傍系血族である。
③ 尊属：自己の父母や祖父母、およびその同世代の傍系血族をいう。叔父・叔母（世代が自分より上）も尊属である。
④ 卑属：子や孫およびそれらと同世代の傍系血族をいう。甥・姪は卑属である。

（3）配偶者

親族の中でも特殊な地位にあり、血族でもないが姻族*でもなく、親等もない。

* ［姻族］：配偶者の一方と他方配偶者の血族および自分の血族の配偶者の関係は姻族と呼ばれる。例えば、妻の父母や自分の兄弟の妻など。自分の子の配偶者と自分の関係も姻族である。

（4）親族関係の発生・消滅

1) 血族関係の発生

出生と養子縁組によって生じる。養親は、養子の配偶者の血族と姻族関係になる。

2) 親族関係の消滅原因

① 死亡、② 特別養子縁組*（817条の9）、③ 離縁（729条）が挙げられる。

* ［特別養子縁組］：家庭裁判所は、養親となる者の請求により、実方の血族との親族関係が終了する縁組を成立させることができる。これは、養子の福祉・利益を図る目的で行われ、実方の親族からの不当な干渉や扶養・相続をめぐる実方のと紛争の可能性を絶つという利点がある。

817条の2「① 家庭裁判所は、次条から817条の7までに定める要件があれるときは、養親となる者の請求により、実方の血族との親族関係が終了する縁組（「特別養子縁組」）を成立させることができ

る。」

817条の9「養子と実方の父母及びその血族との親族関係は、特別養子縁組によって終了する。」

3）姻族関係の消滅

姻族関係は次の事由により消滅する。

①離婚（728条①）（婚姻の取消しを含む）、②夫婦の一方が死亡し、生存配偶者が姻族関係を終了させる意思表示をした場合。夫婦の一方が死亡しただけでは、姻族関係は当然には消滅しない（728条②）。

5．相続

（1）現行制度の特色

配偶者に常に相続権が認められた（890条）。そして、その割合（相続分）が拡大されてきた。

民890条「被相続人の配偶者は、常に相続人となる。この場合において、第887条（子及びその代襲者の相続権）又は前条の規定により相続人となるべき者があるときは、その者と同順位とする。」

また、一定の相続人に、被相続人の意思によっても奪い得ない相続分である遺留分が認められている。

相続によって、相続開始時に被相続人に帰属していた財産（遺産）が相続人に承継される（1028条）。

［被相続人］：その者につき相続が生ずる者

［相続人］：法の定める遺産の承継人

［相続財産（遺産）］：被相続人が残す財産

（2）相続の開始

相続開始原因は、被相続人の死亡のみである（882条）。ただし、失踪宣告は、死亡の効果を生じる（31条）から、相続は失踪宣告によっても生ずる。

民882条「相続は、死亡によって開始する。」

（3）相続の効力

被相続人の死亡の時から、被相続人に属していた一切の財産上の権利義務の包括的承継が生じる（896条）。積極財産だけではなく、債務等の消極財産をも承継することに注意を要する。

（民896条）「相続人は、相続開始の時から、被相続人の財産に属した一切の権利義務を承継する。
　　　　　ただし、被相続人の一身に専属したものは、この限りでない。」

（4）共同相続と相続分

2人以上の相続人が、共同して相続する場合を共同相続という。共同相続の場合には、その財産を共同相続人の間で分割しなければならない。これが遺産分割（906条）である。遺産分割を行うためには、どのような割合で分割するかが決まっている必要がある。その割合を相続分という。

民899条「各共同相続人は、その相続分に応じて被相続人の権利義務を承継する」

（5）相続人

［類型Ⅰ］　①被相続人の子（887条1項）またはその代襲者（887条2・3項）
　　　　　②被相続人の直系尊属（889条1項）
　　　　　　非嫡出子（887条・900条4号）や胎児も相続人となる（886条1項）。ただし、非嫡出子は、嫡出子の2分の1の相続分しか有しない（900条4号）。
　　　　　③被相続人の兄弟姉妹（889条1項2号）
［類型Ⅱ］　配偶者（890条）

（6）代襲相続

相続開始以前に、相続人となるべき者（推定相続人）が死亡その他の事由で、相続権を失った場合に、その者の直系卑属がその者に代わって同一順位で相続人となることをいう（887条2項・3項、889条2項）。

(7) 法定相続分

　民法の定める相続人の持分率をいう。

民900条「同順位の相続人が数人あるときは、その相続分は、次の各号の定めるところによる。」

民900条4号「子、直系尊属又は兄弟姉妹が数人あるときは、各自の相続分は、相等しいものととする。ただし、父母の一方のみを同じくする兄弟姉妹の相続分は、父母の双方を同じくする兄弟姉妹の相続分の二分の一とする。」

	共同相続人	法　定　相　続　分	
1	配偶者と子	配偶者　1/2	子　　　　1/2
2	配偶者と直系尊属	配偶者　2/3	直系尊属　1/3
3	配偶者と兄弟姉妹	配偶者　3/4	兄弟姉妹　1/4

民886条1項「胎児は、相続については、既に生まれたものとみなす。」

(8) 限定承認

　限定承認とは相続人が、被相続人の債務および遺贈*につき、相続によって得た財産を限度とする責任を負うことを留保して行う相続の承認（922条）をいう。相続財産の内、消極財産の方が積極財産より多ければ、相続人は不利益を被ることになる。そこで、相続債務の責任と遺贈弁済義務の限度を、積極相続財産の範囲にとどめ、相続人の利益を保護するために認められたのが限定承認の制度である。相続人が限定承認をするには、自己のために相続の開始があったことを知ったときから3か月以内に、相続財産の目録を作成して家庭裁判所に提出し、限定承認をする旨を申述しなければならない（924条・915条）。

　なお、相続は放棄することができる。この場合、相続人は、自己のために相続の開始があったことを知った時から3か月以内に相続を放棄する旨の申述を家庭裁判所にしなければならない（915条・918条）。相続を放棄した場合は、最初から相続人ではなかったものとみなされる（939条）。

民922条「相続人は、相続によって得た財産の限度においてのみ被相続人の債

務及び遺贈を弁済すべきことを留保して、相続の承認をすることができる。」
民939条「相続の放棄をした者は、その相続に関しては、初めから相続人とならなかったものとみなす。」

* ［遺贈］：遺言によって、遺産の全部または一部を無償で、または負担を付して、他に譲与すること。

(9) 指定相続分

　被相続人は、遺言で共同相続人の相続分を定め、またはこれを定めることを第三者に委託することができる。
民902条1項「被相続人は、前二条の規定にかかわらず、遺言で、共同相続人の相続分を定め、又はこれを定めることを第三者に委託することができる。ただし、被相続人又は第三者は、遺留分に関する規定に違反することができない。」

(10) 遺留分制度

　相続財産の一定割合を一定範囲の相続人に留保する制度で兄弟姉妹以外の相続人が有する（1028条）。これは、被相続人の贈与や遺贈という財産処分の自由を制限して、被相続人の財産に依存して生活してきた相続人の生活保障や共同相続人間の公平な相続を実現するために、相続財産の一部を相続人に留保する制度である。簡単に述べれば、被相続人の意思によっても奪い得ない相続分である。

	遺留分権者	遺留分の割合	(民1044条・900条・901条・887条②③)
1	直系尊属だけ	1/3	遺留権利者が数人いる場合には、遺留分の割合は、法定相続分の割合によって各遺留分権利者の割合が定められる。遺留分権利者には遺留分減殺請求権*が与えられる（1031条）。
2	子又はその代襲者だけ	1/2	
3	配偶者だけ	1/2	
4	配偶者と子又はその代襲者	1/2	
5	配偶者と直系尊属	1/2	

＊［遺留分減殺請求権］：現存の積極的相続財産から贈与や遺贈を差し引くと遺留分の額に達しないという場合には、遺留分が侵害されたことになるから、遺留分権利者およびその承継人は、遺留分を保全するため、贈与や遺贈の履行を拒絶し、さらに、すでに給付された財産の返還を請求することができる（1031条）。減殺の順序は、まず遺贈を減殺し、次に新しい贈与から古い贈与に及ぶものとされている（1033条～1035条）。

民1028条「兄弟姉妹以外の相続人は、遺留分として、次の各号に掲げる区分に応じてそれぞれ当該各号に定める割合に相当する額を受ける。
1　直系尊属のみが相続人である場合　被相続人の財産の3分の1
2　前号に掲げる場合以外の場合　被相続人の財産の2分の1
民1031条「遺留分権利者及びその承継人は、遺留分を保全するのに必要な限度で、遺贈及び前条に規定する贈与の減殺を請求することができる。」

6．家族法改正に関する法制審議会答申（1996年2月26日）

　2010年2月法務省は、省政策会議で「選択的夫婦別姓制度」を柱とする民法改正案の概要を示した。概要の内容は、1996年に法制審議会（法相の諮問機関）が答申した法律案要綱と同じである。もし、この改正案が近い将来国会に上程されると法律として成立する可能性が高いと思われる。そこで、ここに「民法の一部を改正する法律案要綱」（法制審議会）の主要な点を掲載することとする。なお、関連条文の条文数字は現行民法における条文番号である。

第731条（婚姻適齢）
　婚姻は、満18歳にならなければ、これをすることができない。
　（女性が結婚できる年齢を16歳から18歳に引き上げる。）
第733条（再婚禁止期間）
　女は、前婚の解消又は取消しの日から起算して100日を経過した後でなければ、再婚をすることができない。
　（6か月の再婚禁止期間を100日に短縮する。）

第750条（夫婦の氏）
1．夫婦は婚姻の際に定めるところに従い、夫若しくは妻の氏を称し、又は各自の婚姻前の氏を称するものとする。
（選択的夫婦別姓を認める。）
2．夫婦が各自の婚姻前の氏を称する旨の定めをするときは、夫婦は、婚姻の際に、夫又は妻の氏を子が称する氏として定めなければならないものとする。
(別姓夫婦の子の姓は夫婦いずれかの姓に統一する。)

第770条（裁判上の離婚）
1．夫婦の一方は、次に掲げる場合に限り、離婚の訴えを提起することができるものとする。ただし、（ア）又は（イ）に掲げる場合については、婚姻関係の回復の見込みのない破綻に至っていないときは、この限りでないものとする。
（ア）配偶者に不貞な行為があったとき。
（イ）配偶者から悪意で遺棄されたとき。
（ウ）配偶者の生死が3年以上明らかでないとき。
（エ）夫婦が5年以上継続して婚姻の本旨に反する別居をしているとき。
（新設）
（オ）（ウ）、（エ）のほか、婚姻関係が破綻して回復の見込みがないとき。
2．裁判所は、1の場合であっても、離婚が配偶者又は子に著しい生活の困窮又は耐え難い苦痛をもたらすときは、離婚の請求を棄却することができるものとする。（エ）または（オ）の場合において、離婚の請求をしている者が配偶者に対する協力及び扶助を著しく怠っていることによりその請求が信義に反すると認められるときも同様とする。
（離婚請求を棄却できる場合をより具体化し新設した。）

第790条（子の氏）
1（嫡出である子の氏）
嫡出である子は、父母の氏（子の出生前に父母が離婚したときは、離婚の際における父母の氏）又は父母が3（養子の氏）、2（子の氏の変更）

により子が称する氏として定めた父若しくは母の氏を称するものとする。
3 （子の氏の変更）
　(1) 子が父又は母と氏を異にする場合には、子は、家庭裁判所の許可を得て、戸籍法の定めるところにより届け出ることによって、その父又は母の氏を称することができる。ただし、子の父母が氏を異にする夫婦であって子が未成年であるときは、父母の婚姻中は、特別の事情があるときでなければ、これをすることができない。（新設）

第900条（法定相続分）
　嫡出でない子の相続分は、嫡出である子の相続分と同等とする。
　　（婚外子への法定相続分を嫡出子の2分の1としたこれまでの規定を撤廃して同一化を図った。）

択一問題（第10回）

次のアからオまでの記述のうち誤っているものの記号を記せ。

ア．女に待婚期間を設けているのは、子どもに父性の推定が二重に及ぶのを回避する趣旨である。
イ．夫婦間でした契約は、いつでも取り消すことができるが、第三者の権利を害することはできない。
ウ．婚姻の取消は、他の法律行為と異なって、遡及せず将来に向かってその効力を失う。
エ．たとえ婚姻が破綻していても、有責配偶者からの離婚請求は認めないのが最高裁の判例の立場である。
オ．被相続人の兄弟姉妹には、遺留分はない。

第11章
刑法の基礎理論

1. 刑法

　刑法は、人の一定の行為を罰することを規定した法律である。
　刑法に関する刑法理論は、刑罰理論および犯罪理論からなる。刑罰は、犯罪に対する非難であり、犯罪者に対して科する制裁（法益のはく奪）を内容とする処分である。犯罪は、法秩序に反する違法な行為である。

（1）アンシャン・レジーム（ancien régime）の刑法
　フランス革命以前の旧体制（アンシャン・レジーム）の刑法の特徴を概観しておくことは、近代刑法理論の発展を理解する上で有益であろう。その特徴として、干渉性、恣意性、身分性、苛酷性が挙げられる。
①干渉性：個人の私生活にまで立ち入って刑法で規律しようとした。
②恣意性：処罰する行為が前もって明確に定まっておらず、事件ごとに裁判官が比較的自由に決定できた。
③身分性：同じ行為でも行為者の社会的身分によって処罰の有無・程度に差異があった。
④苛酷性：刑罰が苛酷であり、死刑・身体刑が刑罰の大部分を占めていた。

（2）旧派（古典派）と新派（近代派）

刑法理論は、大きく見て旧派と新派に分かれる。

1）旧派（古典派）

旧派とは、欧州で近代社会の成立する、18世紀後半から19世紀初めにかけて主張された理論である。人間は自由意思をもっており、自由意思にもとづく客観的な違法行為に対しては、これを非難し道義的な責任を問うことができると考える立場である。旧派の代表的刑法学者を挙げるとすれば、次の2人の名前を記さないでおくことはできない。

①ベッカリーア（Cesare Beccaria, 1738〜1794）

その著書『犯罪と刑罰』（1764）を通して、アンシャン・レジームの刑法に対して鋭い先駆的批判を展開したのは、イタリアのベッカリーアであった。彼によれば、国家権力の一部である刑法は、市民生活の安全を維持するのに必要な最小限度にとどまるべきであるとして、刑法の干渉性を排斥した。また、何が犯罪であり、これに対して科される刑罰はどのようなものかが、事前に明確に定められていなければならないとして「罪刑法定主義」を主張し、アンシャン・レジームにおける恣意性・身分性を排斥しようとした。

②フォイエルバッハ（Anselm Feuerbach, 1775〜1833）

「近代刑法学の祖」と呼ばれるドイツの刑法学者である。彼の理論の中核をなすのは、心理強制説と呼ばれる理論である。そして、罪刑法定主義をも主張した。

i) 心理強制説：犯罪によって得られる利益とそれに対して科せられる刑罰の不利益を比較衡量して、後者が前者よりも大きければ誰も罪を犯さないであろうと考えた。すなわち、彼によれば、刑法は、犯罪に応じた刑罰を予告することによって、人びとを心理的に強制して犯罪を抑止することを任務とするものである。彼は、残酷な刑の執行そのものによって人びとを威嚇する刑罰の苛酷性・身分性を排除しようとした。

ii) 罪刑法定主義：「法律なければ犯罪なし、法律なければ刑罰なし」という原則を確立し、裁判官の恣意性を排斥しようとした。すなわち、一定

の行為を犯罪とし、これに対して刑罰を科するためには、あらかじめ成文の刑法が存在しなければならないとする原則をいう。近代刑法の大原則であり、人権保障の見地から重要な機能を果たしている。

2）新派（近代派）

新派とは、19世紀末に、上述した旧派を批判して新たな理論を展開したのが、新派の刑法理論である。これは、犯罪を犯す危険な性格をもつ者は、いわゆる道義的責任の有無にかかわらず、社会生活の必要に基づく強制的な矯正手段を甘受する責任（社会的責任）を負うという考えを基礎に置いている。この派に属する代表的な学者は次の3名である。

①ロンブローゾ（Cesare Lombroso, 1835～1909)

イタリアの医師であった彼は、一定の身体的および精神的特徴を有する者は、必然的に犯罪を犯すように運命づけられていると考え、「生来性犯罪人」説を主張した。これは、生まれつきの犯罪者を肯定するもので、犯罪者の身体的特徴、ことに頭蓋骨の特徴に着眼し、一定の身体的特徴をもつ者は当然に犯罪に陥るように宿命づけられていると考える立場である。犯罪は、より深く行為者の性格に根ざすと結論付ける。

②フェリー（Enrico Ferri, 1856～1929)

犯罪の原因を、人類学的・社会学的・物理学的原因に分類し、原因がないという意味での自由意思による犯罪を否定した。そして、刑法は、行為者に対する「危険性」に対する処置として、性格の危険性（悪性）を除去するために「制裁」を科すべきであるとする。危険な犯罪者がこのような制裁を甘受しなければならない責任は、倫理的・道義的責任ではなく、社会に対して負う社会的責任であると彼は主張する。

③リスト（Franz Liszt, 1851～1919)

情熱的に自己の理論を主張したイタリア人のフェリーに対して、ドイツ人らしく論理的に自己の理論を展開したのは、リストである。その刑法理論の内容は次の3つに要約できる。

i) 犯罪の原因は、個人的原因と社会的原因に区別される。刑罰は、個人的原因を除去するために科される。したがって、「罰すべきは行為ではなく

行為者である」。

ii) 犯罪徴表説：犯罪を行わない前にその者の性格を判断することは困難であり、人権侵害のおそれがあるから、刑を科するのは、犯罪者の危険性が犯罪行為という徴表、しかも法が明確に規定した徴表として現れた場合に限られなければならない。この説を「犯罪徴表説」と呼ぶ。その意味で、犯罪を規定した刑法は、人権保障の見地から「犯罪人のマグナカルタ」である。

iii) 改善刑・不定期刑を主張：刑は応報ではなく教育であり（教育刑主義・不定期刑）、行為者の反社会性を矯正して社会に適応復帰させることが刑の目的である（目的刑主義）。刑によって犯人が教育・改善されれば、その者は将来罪を犯さないようになるであろう。このように刑により個々の犯人について犯罪予防を全うするのが刑の目的である（特別予防）*。一般人が犯罪に陥るのを防ぐ一般予防*は、刑の直接の目的ではない。

* ［一般予防］：刑法は、刑罰の予告により社会の一般人の犯罪を予防することを目的とすると解する立場。
* ［特別予防］：刑法は、犯罪者自身が将来再び罪を犯すのを防止することを目的とすると解する立場。

（3）旧派と新派の比較――客観主義と主観主義

旧派の客観主義とは、刑事責任の基礎をもっぱら外部的に表現された犯人の行為に求め、「罰せられるべきは、行為者ではなく行為である」とする立場をいう。一方、新派の主観主義とは、犯人の反社会的性格、すなわち、犯罪行為を反復する犯人の社会的危険性に刑事責任の根拠を求め、「罰せられるべきは、行為ではなく行為者である」とする立場をいう。

旧派と新派を、原因、刑罰の対象、責任、刑罰の性質、刑罰の目的という項目に分けて、その刑法理論を比較し整理してみると次の表のようになるであろう。

表11-1　旧派と新派の比較

	原因	刑罰の対象	責任	刑罰の性質	刑罰の目的
旧派	自由意思	行為主義	道義的責任	応報刑	一般予防
新派	決定論	行為者主義	社会的責任	改善刑	特別予防

(4) 後期旧派

このような新派の主張に対して、旧派は激しい反撃を加え、その結果「刑法学派の争い」が展開されることになった。ドイツでは、ビンディング（Binding, 1841〜1920）、ベーリング（Beling, 1866〜1923）、ビルクマイヤー（Birkmeyer, 1847〜1920）等が、19世紀後半の旧派（後期旧派と呼ぶ）の代表的な学者とされている。プロイセンの国家主義とヘーゲル学派の台頭を機に、それ以前の旧派を前期旧派、それ以降の旧派を後期旧派と呼んで区別する。

前期旧派は法と倫理を区別するが、後期旧派は法と倫理を同一視する。両派とも自由意思を認めるが、前期旧派は自由意思を、利害を合理的に配慮し、これに従って行動する能力と解するが、後期旧派は、形而上学的な意味の、原因がないという意味に理解する。前期旧派の応報とは、一般予防を目的とする心理強制であったが、一方、後期旧派のいう応報は、カント（Kant, 1724〜1804）の主張する絶対的な応報*を目的とした。ヘーゲル（Hegel, 1770〜1831）は弁証法理論に立ち、「犯罪は法の否定であり、刑罰は否定の否定である」と述べているが、後期旧派はこの考えに立ち、応報は刑罰を科すこと自体が正義で、自己目的的に正当化されるものと考えた。前期旧派と後期旧派とでは、共通する部分もあるが、前者の方が自由主義的性格が強く、後者は権威主義的傾向が強いといえるであろう。

* ［カントの絶対主義的応報］：刑罰は、犯罪に対して科されること自体に意義があるとする考え。カントは応報刑の内容として、犯罪と同じ害悪をもって犯人に報いるべきだとする同害報復論（タリオ）を主張した。すなわち、「目には目を、歯には歯を」をいう同害報復の考え方である。

2. 罪刑法定主義

(1) 意義

罪刑法定主義とは、行為のときに、その行為を犯罪とし、刑罰を科する旨を定めた成文の法律がなければ、その行為を処罰することができないとする原則をいう。フォイエルバッハは、この原理を「法律なければ犯罪はなく、法律が

なければ刑罰はない」と表現した。人権保障の見地から認められた、近代刑法の大原則である。

（2）内容
1）慣習刑法の排斥
慣習刑法の排斥とは、成文法主義を意味する。すなわち、いかなる行為を犯罪とするかについては成文法で定めなければならず、慣習、条理に基づいて刑罰を科することは許されない。

憲法31条は「何人も、法律の定める手続によらなければ、その生命若しくは自由を奪はれ、又はその他の刑罰を科せられない」と規定している。これは、法定（適正）手続きの保障を定めたもので、ここにいう法律とは国会の制定する狭義の法律、すなわち成文法を意味し、その保障の内容として罪刑法定主義の原則が採用されていると解されている。

2）刑法の不遡及
実行の時には処罰の対象とされていなかった行為に対して、事後に罰則を設け、さかのぼって処罰することは許されないという原則をいう。憲法39条も遡及処罰の禁止を規定する。

憲法39条前段「何人も、実行の時に適法であった行為又は無罪とされた行為については、刑事上の責任を問はれない。」

なお、刑法6条は「犯罪後の法律によって刑の変更があったときは、その軽いものによる」と規定している。これは、犯人の利益をはかって事後の軽い刑法にさかのぼって効力（遡及効）を認めるのだから、罪刑法定主義の精神には反しないと解される。

3）類推解釈の禁止
「Aという法律要件が備わったときは、Bという法効果を生じる」旨の規定がある場合、Aとは本質を異にするが、Aに類似しているCという事実に対しても、Bの効果を与えようとする解釈を類推解釈という。類推解釈は、法律の本来の趣旨を超えて、その適用範囲を不当に広げるもので、罪刑を厳格に法定した法の趣旨に反するので認められない。例えば、刑法134条1項（秘密漏示罪）

に関して、「医師、薬剤師、医薬品販売業者、助産師、弁護士、公証人又はこれらの職にあった者」が行為の主体として規定してあるので、看護師が規定されていなくても、仕事内容が助産師の仕事に類似している面があることを理由に看護師もその主体に含めて解釈し、刑法上の秘密漏示罪を肯定することは、類推解釈の禁止に反し認められない。

4）絶対的不定期刑の禁止

　刑期を一日以上終身とし、出獄の時期、あるいは放免の時期は、もっぱら行刑を管理する機関が定めるものとする法定刑の定め方は、犯罪と刑罰の均衡、および刑罰権行使の恣意の禁止ということから許されない。

5）明確性の原則

　刑罰法規の内容として、処罰される行為が法文上明確でなければならない。処罰される行為が不明確なときは、官憲の恣意を招くとともに、自己の行為が刑罰の対象となるのかどうか分からず、国民の自由な活動を委縮させるからである。

（3）人権保障機能

　罪刑法定主義の重要な機能として、人権保障が挙げられる。具体的には、次のように機能する。

1）犯罪・非犯罪の区別機能

　犯罪となる行為と犯罪とならない行為をあらかじめ区別し、犯罪とならない行為を行う限り処罰されないという期待を与え、行為の自由を保障する（人権保障）。

2）犯罪個別化機能

　罪刑が法定されることにより、単なる違法行為でなく刑罰を科するに値する行為が行為実態に応じて個別化され、科刑が可能となる。この意味で、罪刑の均衡が保障されることになる。

（4）限時法

　一定の有効期間を限って制定された法律をいう。限時法の問題は、限時法廃

止後も有効期間中の違反行為は引き続き処罰されるかという点にある。これについては、動機説という考え方がある。すなわち、刑の廃止が、その行為の可罰性に関する法律見解の変更によるものか、単に事実関係の変化によるものかによって区別し、前者ならば不可罰、後者ならば可罰性は失われないと解する立場である。しかし、法律見解の変更か事実関係の変化かの区別は相対的なもので、必ずしも明確ではない。このような見解は、法的安定性をはなはだしく害すると思われる。この問題については、「廃止前の行為に対する罰則の適用については、なお、従前の例による」という規定を設ければ、廃止後も処罰することに法的支障は生じない。さもなければ、追及効を認めることは、罪刑法定主義の精神に反するといわなければならない。

「関税法違反事件」（最大判昭32.10.9）（関税法違反事件）

　昭和24年7月、被告人は九州と当時関税法の適用上外国とみなされていた奄美大島との間で、税関の免許を受けないで貨物の密輸出入を行った。それについての裁判の継続中、奄美大島が政令の改正により日本領に復帰し、昭和28年12月25日以降は外国とみなされなくなった。そこで、最高裁は、奄美大島の日本復帰後は同島との間の貨物の取引は何ら犯罪を構成しないから、被告人の可罰性は失われたものとして、刑訴法337条2号（犯罪後の法令により刑が廃止されたとき）により免訴を言い渡した。

設問1

(1) Xガス会社が供給する暖房地区に居住していたYは、X会社と暖房契約を結ばずに、ひそかに配管に工作を加え、温風を自宅に導いて、部屋を暖めていた。Yの行為は、窃盗罪にあたるか。

(2) Zは、東京で、大阪行きの長距離輸送トラックの荷台にもぐりこみ、そのトラックが大阪に着いたところで、飛び下りて帰宅した。Zの行為は、窃盗罪となるか。

(3) 新技術の発明に関する情報についても、窃盗は認められるか。

> **設問2**
>
> Aは、平成5年2月4日、B市内の道路上で後部の荷台にCを乗せて500cc原付バイクを運転した。この行為は、当時の道路交通取締法施行令によるD県道路交通取締規則の制限に違反するものであった。ところが、この取締規則は、平成5年4月1日に改正され、500cc原付バイクの二人乗り禁止が廃止された。
> ①平成5年4月1日以降でも、Aの行為をD県道路交通取締規則の違反として処罰することができるか。
> ②この改正が、立法者の法律見解の変更に基づく場合と、単に事実関係が変化したことに基づく場合とで、結論に違いがあるか。

3．法益保護の原則——刑法の任務——

（1）刑法の任務

　刑法は、社会倫理を維持するためのものであるか、それとも法益の保護を任務とするものであるか。

　これは、刑法の任務をどのように解するかの問題である。これについては、以下の見解がある。

　①社会的・道義的秩序の維持を目的とする立場（小野・団藤等）
　②法益の保護に奉仕するものとする立場（平野・西田）
　③国家・社会的倫理秩序の維持と法益の保護と解する立場（大塚・藤木）
　④原則的に刑法の任務は法益の保護であるが、そのことによって法益を内包する社会的・道義的秩序も維持すると考える立場（私見）。大塚説と類似するが、大塚説が国家・社会的倫理秩序の維持に重点があるのに対して、私見は法益の保護に重点がある点で異なっている。

（2）実際上の相違

　「被害者のない犯罪」あるいは「自己が被害者である犯罪」の場合に、社会的・道義的秩序の維持を刑法の任務と解すると、その行為は有罪となる。しかし、法益の保護とする立場からは、自己の同意により保護されるべき法益が欠如していると解されるため、無罪とされる。

(例) 性的逸脱行為（同性愛、近親相姦等）、賭博、麻薬の自己施用、自殺など

(3) 客観的違法論と主観的違法論

違法とは何か、違法の本質をめぐって客観的違法論と主観的違法論の対立がある。

1) 客観的違法論

違法とは、法規範に客観的に違反することと解する立場である。この立場は、違法性の実質を法益の侵害とその危険と考える。これを結果無価値論という。

2) 主観的違法論

違法とは、法規範の命令規範に反すると解する立場である。別名「命令説」とも呼ばれる。この立場は、命令を理解し、これに従って行動することができる者を名宛人とする。したがって、命令を理解できない責任無能力者*の行為は違法ではなくなる。その結果、責任無能力者の加害行為に対して正当防衛ができないことになる。この立場では、責任ある行為だけが違法となり得る。その意味で、この見解は主観的違法論と呼ばれる。この立場は、違法性の実質を社会的相当性（社会倫理秩序）から逸脱する行為を行うことと解する、行為無価値論と結び付く。

いずれの見解が妥当であろうか。思うに、上に述べたように責任無能力者の加害行為は違法ではなく、これ対して正当防衛が認められないと解する主観的違法論は妥当ではないであろう。客観的違法論は、法規範は評価機能と命令機能を含んでおり、評価機能に反することが違法であり、命令機能に反することが責任であるとして、違法と責任とを区別する。例えば、「人を殺す」ことは悪いことだと法が評価したとき、法は「人を殺してはならない」という命令を発する。命令は、命令を理解しこれに従って行動することができる者だけをその対象とする。しかし、違法か否かは責任とは関係なく決定される。したがって、責任無能力者の行為、過失のない行為は、違法であるが責任がないというだけである。こう考えれば、責任無能力者の加害行為に対しても正当防衛が認められることになり、妥当な結果を導くことができる。

*［責任無能力者］：責任能力とは、事物の是非善悪を弁別し、それに従って行動を制御し得る能力をいう。精神障害によりこの能力を欠く者を責任無能力者と呼ぶ。具体的には心神喪失者である。

3）折衷的違法論

上記の客観的違法論と主観的違法論との折衷的違法論が最近有力に主張されている。これは、目的的行為論*の影響から、結果無価値、すなわち法益に対する加害の程度と行為無価値すなわち加害行為の態様が社会的相当性を逸脱する程度とを総合して、法益侵害が社会的相当性を逸脱するかどうかを実質的違法性の基準とする見解である。

*［目的的行為論］：行為とは、因果的法則を利用してある目的を達成しようとする人間の意思活動であり、目的性こそが行為の本質であり犯罪の本質であるとする。ドイツの刑法学者ヴェルツェル（Hanes Welzel,1904～1977）が提唱した刑法理論。

(4) 法益（Rechtsgut）

刑法の保護する法益とそれに対する侵害行為である犯罪は、次のように分類することができる。

1）国家的法益に対する罪

国家の存立や作用等を侵害する罪である。

（例）内乱罪（77条）、外患罪（81条以下）、公務執行妨害罪（95条以下）、偽証罪（169条）、賄賂罪（197条以下）等

2）社会的法益に対する罪

公共の安全・公共の信用・社会の風俗等に対する罪である。

（例）騒乱罪（106条）、放火および失火の罪（108条以下）、往来妨害罪（124条以下）、通貨偽造罪（148条以下）、文書偽造罪（155条以下）等

3）個人的法益に対する罪

個人の生命・身体・自由・名誉・財産等に対する罪である。

（例）殺人罪（199条）、傷害罪（204条）、逮捕・監禁の罪（220条）、名誉毀損

罪（230条）、窃盗罪（235条）、強盗罪（236条）、詐欺罪（246条）、盗品等に関する罪（256条）等

4．責任主義

責任主義とは、犯罪行為者に刑罰が影響を及ぼし得るような心理的要素があるときに限って処罰するという原則のことである。

責任とは、行為者（加害者）の行為に対する非難可能性をいう。すなわち、あなたが悪いとその行為者を非難することができることである。責任主義も狭義と広義に用いられる。

1）狭義の責任主義
故意または過失がなければ犯罪が成立しないとする原則。
2）広義の責任主義
故意・過失の他に、違法性の意識の可能性、責任能力、期待可能性も犯罪の成立には必要であるとする原則。

責任主義は、端的に表現すれば「責任なければ刑罰なし」という原則で、近代刑法の基本原理である。
3）刑法の謙抑性・補充性
刑法は刑罰を伴うので濫用されるべきではなく、必要やむを得ない限度において適用される性質を刑法の謙抑性という。刑法は、他の社会統制手段では十分でないとき、例えば、民法の不法行為に基づく損害賠償では十分でないというときなどに発動すればよい。これを刑法の補充性という。

5．犯罪の成立要件

犯罪は構成要件に該当する違法かつ有責な行為をいう。以下、構成要件、違法、有責、行為について述べる。

1）構成要件該当性

　構成要件とは、刑法の定める犯罪の型、犯罪の要件についての大枠であり、違法行為の類型をいう。

　例えば、殺人罪（199条）における「人を殺した」という行為、窃盗罪（235条）における「他人の財物を窃取した」という行為をいう。したがって、ある行為が構成要件に該当すれば、その行為の違法性が推定される。

2）違法

　違法とは、行為が法的に許されないことであり、実質は、人間の社会的共同生活（法益）を侵害し、国家・社会的倫理規範に違反していることをいう。犯罪が成立するためには、それがあると違法性がなくなる違法性阻却事由（正当防衛・緊急避難等）がないことが必要である。例えば、人を殺しても、その行為が正当防衛(36条)あるいは緊急避難(37条)のために「やむを得ず」に行われたものであれば、違法性が阻却されて違法ではなくなるのである。

3）有責

　責任とは、構成要件に該当する違法な行為について、行為者に非難可能性（有責性）が認められることをいう。責任が成立するためには、責任阻却事由がないことが必要である。例えば、責任能力のない心神喪失者には責任を問うことはできない（39条1項）。

4）犯罪の定義

　以上述べたところから、犯罪とは、構成要件に該当する違法かつ有責な行為であるといえる。この定義は刑法における大原則である。

5）行為

　刑法は犯罪者の行為を処罰するための法律である。では、行為とは何であろうか。この問題については、次のような見解がある。

①人格の主体的現実化と認められる身体の動静と解する説。

②目的的な身体の動静と解する説。

③意思にもとづく身体の動静と解する説（通説）。したがって、睡眠中の動作、反射的動作、意識喪失中の動作は行為とならない。

④人の身体の動静と解する説。

6）犯罪の成立

犯罪の構成要素と違法・責任の阻却事由を簡単に図示すると次のようになる。

構成要件	主観的要素	・構成要件的故意＊ ・構成要件的過失＊	客観的要素	・行為
違　　法		［違法阻却事由］ ・正当行為（35条） ・正当防衛（36条） ・緊急避難（37条）		
責　　任		［責任阻却事由］ ・違法性の意識の可能性（38条3項但書） ・責任能力 ・期待可能性	故意 過失	

図11-1　犯罪の成立を判断するための要素

＊構成要件的故意・過失：構成要件の主観的要素であり、構成要件的故意とは構成要件に該当する客観的事実（構成要件的結果）を認識すること。構成要件的過失とは、不注意によって構成要件的結果を認識しないこと。

7）犯罪の不成立

犯罪の成立を判断するには、その判断順序は、①構成要件該当性の有無⇒②違法性の有無⇒③責任の有無となる。すなわち、構成要件該当性がなければ、そもそも刑法上問題にならないし、構成要件に該当する行為でも、違法性阻却事由があれば違法ではなくなり、犯罪は成立しない。そして、構成要件に該当する違法行為であっても、責任阻却事由があれば責任（非難可能性）がなく犯罪は成立しない。違法性の判断は、問題となっている行為に対して客観的に行うが、責任の判断は、行為者について個別に行うことになる。

このようにして、構成要件に該当する行為に、違法性阻却事由がなく、かつ責任阻却事由もなければ、その行為は、構成要件に該当する違法かつ有責な行

為となり、犯罪が成立することになる。犯罪論の構成については、客観的・事実的な要素から出発して、次第に主観的・評価的な要素に立ち入るのが判断の客観性を確保する上で妥当である。

6．故意

犯罪的結果の認識・認容を故意という。故意は次の2つに分類される。

1）確定的故意

具体的に確定している犯罪事実、特に確定的な結果を認識する場合である。

2）不確定的故意

犯罪事実特に結果の認識はあるが、それが不確定な場合をいう。

①概括的故意：例えば、群衆中のだれかが負傷することを認識して群衆に向かって石を投げる場合のように、一定の範囲の客体について結果が発生することは認識しているが、そのいずれの客体に結果が発生するのか、その個数はいくつであるのかが不確定な認識をいう。

②択一的故意：例えば、A・B2人のいずれか1人を殺す意思で発砲する場合のように、結果がいずれの客体かに発生することは確定しているが、そのいずれであるかが不確実な認識をいう。

③未必的故意：結果発生そのものを不確実に認識する場合で、通説によると、結果発生の可能性を認識し、かつこれを認容する場合をいう。換言すれば、結果の発生を意欲しているわけではないが、結果が発生しても「かまわない」「仕方がない」という消極的認容があれば故意があったと解するのが判例・通説の立場である。

7．犯罪の終了と法益

犯罪の終了と法益侵害との関係から、犯罪は次の3つの種類に分類できる。

1）即成犯

法益の侵害が発生すると同時に犯罪が終了するもの（殺人罪等）。

2）状態犯
　法益の侵害が発生すると同時に犯罪は終了するが、犯罪が終了しても法益侵害の状態が続くもの（窃盗罪等）。
3）継続犯
　法益の侵害が続く間、犯罪も続くもの（監禁罪等）。
　上のような犯罪分類の実益は、犯罪行為が開始され侵害が発生した後も、その犯罪行為に加担した者が共犯となるかという点にある。例えば、監禁罪の場合、被害者Xに対して監禁を開始した者Yの友人Zが、Xが監禁されている事実を認識しながら、Yの依頼を受けてYと一緒にXの監視を続けて監禁状態を継続した場合には、後から加わったZにも監禁罪の共同正犯*が成立することになる。
　＊［共同正犯］：2人以上の者が共同して犯罪を実行した場合をいう（60条）。

8．因果関係

　犯罪が成立するためには、行為と結果との間に原因・結果といえる因果関係が必要である。

（1）条件説
　条件説とは、実行行為*と結果との間に、その前者がなかったならば、後者は発生しなかったであろうという条件関係が存在する限り、因果関係を認める立場をいう。判例はこれまで条件説を採用してきたと解されている。
　＊［実行行為］：構成要件に該当する行為。
［批判］：条件関係があれば、直ちに因果関係があるとする点で、因果関係を広
　　く認めすぎるきらいがある。

（例）甲が公衆の面前で乙を殴打し軽傷を負わせたところ、これを恥じた乙が自
　　殺した場合、甲の殴打行為と乙の死亡の結果との間には条件関係はあるが、
　　刑法上の因果関係を認めて、傷害致死罪が成立すると解することは妥当では

ないであろう。そこで主張されたのが、因果関係中断論*である。

* ［因果関係中断論］：因果関係の進行中に自然的事実または自由かつ故意にもとづく他人の行為が介入したときは、それによって因果関係が中断されるとする立場。これは、条件説の不当な適用を制限するために主張されたものである。

（例１）甲に殴打されて負傷した乙が病院に収容されたところ、大地震で病院の建物が倒れ、乙が下敷きになって死亡した。

（例２）Aに殴打されたBが気絶して倒れていたところ、通りかかったCが殺意をもってBの心臓をナイフで突き刺し死亡させた。

　　因果関係中断論の立場では、その地震という自然的事実で病院の建物が倒れたことや、Cの自由かつ故意による刺突行為がなされたことによって、Aの殴打行為にもとづいて、Bの死亡に向かって進行していた因果関係が中断されるとする。しかし、画一的基準で進行していた因果関係が途中で断ち切られるという見方は妥当ではない。そこで次の相当因果関係説が主張される。

（２）相当因果関係説

　相当因果関係説とはある結果に対して条件となる行為は、その行為から結果に至ることが社会通念上相当性があると認められるときに、結果との因果関係が認められるとするものである。これは、条件説では因果関係を広く肯定する傾向があるので、因果関係の成立に一定の絞りをかけるために考えられた理論である。何を資料として相当性を判断するかについては、以下の３つが挙げられるが、それによって、因果関係を肯定するか否かの判断が異なる。

１）主観説

　　行為の当時、行為者が認識していた事情および認識し得た事情

２）客観説

　　行為時に存在した一切の事情および事後に生じた事情でもそれが一般人に予見可能なものであったものすべて。

３）折衷説

　　行為の際、一般人なら知り得た事情、および行為者が特に知っていた事情

（通説）
　この説は、一般人と行為者とのそれぞれの事情を併せ考慮するもので妥当であろう。

（3）事例
1）行為当時に、すでに被害者に異常な状態があった事例
　被告人は、被害者の左眼を蹴り、その傷自体は10日くらいで治るものだったが、被害者は脳梅毒に冒されて脳に高度の病的変化があったので、脳の組織が崩壊して死亡した——傷害致死罪（最判昭25.3.31）。
2）被害者の行為が介入した事例
　火傷を負わされた被害者が、苦痛のあまり水に飛び込み、心臓麻痺を起こして死亡した——傷害致死罪（大判昭2.9.6）
3）第三者の行為が介入した事例
　被告人がAを殺そうと思って毒を入れた酒を贈ったところ、Aは毒が入っているとは知らずに放置し、約半年後にAの妻がCに贈り、Cがこれを飲んで死亡した——殺人罪（東京高判昭30.4.19）。
4）被告人自身の行為が介入した事例
　①被告人はAを殺そうと思って縄で首をしめたところ、Aは意識を失った。被告人はAは死んだと思い、海岸の砂の上に運んで放置した。Aは息をふき返したが、砂を吸い込んで窒息死した——殺人罪（大判大12.4.30）。
　②被告人はBを殺そうと思って崖の上から突き落としたが、Bは崖の途中で木に引っかかり人事不省におちいった。被告人はこれを助けるように装って手をかけたところ、Bの重みで自分も落ちそうになったので手を離し、その拍子にBは崖下に落ちて死亡した——殺人既遂罪（大判大12.3.23）。

> 設問
>
> （1）甲は、ある男に殺されそうな夢を見て極度の恐怖感に襲われた。夢からさめたもののなお半覚醒下の意識状態において、殺されるのを防ぐために先制攻撃を加えるつもりで、夢の中に現れた男の首を半ば無意識的にしめた。ところが、その男と思っていた相手は、甲のそばで寝ていた妻乙であったため、結局妻乙を殺してしまった。甲の刑事責任はどうか。
>
> ---
>
> （2）被告人Aが友人Bを助手席に乗せて自動車を運転中、誤って自転車に乗っていたCをはね飛ばした。失神したCを自車の屋根の上に乗せたまま、それを知らずに走り続けたところ、やがてCに気づいたBが、Cの身体を引きずり降ろして、道路上に転落させた。Cは頭部打撲にもとづく脳出血・肋骨骨折などで死亡した。AおよびBの刑事責任はどうか。

択一問題（第11回）

次のアからオまでの記述のうち、誤っているものの記号を1つ記せ。

ア．「近代刑法学の祖」とされるフォイエルバッハは、心理強制説とともに、罪刑法定主義を主張した。
イ．旧派は、刑罰の目的を特別予防と解し、応報刑と道義的責任を主張したが、新派は、刑罰の目的を一般予防と解し、改善刑と社会的責任を唱えた。
ウ．罪刑法定主義の内容として、刑法の不遡及があるが、犯罪後に刑の変更があり、以前より軽い刑を遡及して適用する場合は、罪刑法定主義の精神に反しない。
エ．限時法について動機説に立てば、刑の廃止後その行為の可罰性に関する法律見解の変更による場合は不可罰だが、単に事実関係の変化によるものは、可罰性は失われないことになる。
オ．犯罪とは、構成要件に該当する違法かつ有責な行為であり、構成要件に該当すれば違法性が推定され、具体的に正当防衛等の違法性阻却事由および責任能力等の責任阻却事由の不存在が確定されて初めて、犯罪の成立が肯定される。

第12章
不作為犯・錯誤・正当防衛

1．不作為犯

　通常、犯罪は作為によって為されるが、場合によっては不作為が犯罪を構成する場合がある。これを、不作為犯という。不作為犯は、真正不作為犯と不真正不作為犯とに分類される。

(1) 真正不作為犯

　真正不作為犯とは、明文で法が不作為を犯罪として規定している場合、すなわち、不作為の形式で構成要件が決められている場合をいう。

（例）①保護責任者遺棄罪（刑218条）「その生存に必要な保護をしなかったときは」

　　　②不退去罪（130条）「要求を受けたにもかかわらずこれらの場所から退去しなかった者は」

　　　③多衆不解散罪（107条）「権限のある公務員から解散の命令を3回以上受けたにもかかわらず、なお解散しなかったときは」

（2）不真正不作為犯

不真正不作為犯とは、法の規定では作為を予想しているように見える犯罪が不作為によってなされる場合、すなわち、作為の形式で規定されている構成要件が不作為によって実現される場合をいう。例えば、母親が産まれたばかりの赤ん坊を殺す意思で、わざと授乳しないで死亡させたような場合が挙げられる。

1）成立要件

不真正不作為犯が成立するためには、①作為義務と②作為可能性がなければならない。

すなわち、不作為が、作為可能性があるにもかかわらず作為義務に反してなされることが必要である。

① 作為義務とは、一定の構成要件的結果の発生を防止すべき法律上の義務をいう。では、どのような根拠により作為義務は生ずるのであろうか。その根拠として(a)法令、(b)契約、(c)先行行為、(d)引き受け（事務管理）等が挙げられる。ただ、注意しなければならないのは、これらの根拠の1つだけにもとづいて作為義務が生ずるというよりも、いくつかの根拠が合わさって作為義務が発生することが多いということである。

作為義務の有無は、具体的事情を考慮して判断されることになる。不真正不作為犯の場合は、不作為が作為と「同視し得る」ないし「同価値と考えられる」場合に成立する。作為と「同視し得る」ないし「同価値と考えられる」のは、作為義務が存在する場合であり、作為義務が存在するのは、不作為者が保障者的地位にあるときであると考えられている。この見解を保障者説＊という。

＊［保障者説］：一定の状況のもとでは、法益の保護を、ある特定の個人に委ねるほかなく、その場合、法益を保護しなかったときは、自ら侵害したのと同じだと言わざるを得ない場合、社会生活上その人が当然にその法益の保護にあたるべき地位を保障者的地位（保証人的地位）（Garantenstellung）という。

② 作為可能性とは、作為にでることが可能なことをいう。作為義務があっても作為可能性がなければ、その不作為は構成要件に該当する実行行為とは

いえない。

(例) 母親Aが川岸にいながら溺れかけている子Bを助けなかったような場合、Aが泳ぐことができず、事実上救助が不可能であるときは、不作為犯は成立しない。

2) まとめ

①結局、作為義務の強さと作為の容易さとが総合されて、不作為犯成立の有無が決まる。

②「法令・契約・先行行為・引き受け」のどれか1つではなく、いくつかの要素が集まって作為義務を構成する場合が多い。

③不作為の殺人と不作為の遺棄致死との違いは、死の予見の有無ではなく、作為義務の程度による。換言すると、殺人の故意があっても、殺人とするに足りるほどの作為義務がない場合は、保護責任者遺棄致死として軽く処罰される。

3) 事例

①殺人罪（東地判昭42.9.30）

Aは自動車を運転中不注意によりBを轢き、近くの病院に運ぼうと思って助手席にBを乗せたが、途中で発覚を恐れて病院に送り届けることを止めた。どこかに捨てようかと車を走らせているうちに、Bは車中で死亡した。裁判所は、殺人罪で処罰した。

この場合、①過失傷害という先行行為、②病院に運ぼうとした「引き受け」と、③車の中に入れてしまって他人の干渉できない「管理下」に置いたという状況などが競合して、不作為犯を認めさせたものと思われる。この先例に従ったとしても、単に車で轢いて重傷を負わせて逃げたという「先行行為」だけでは、まだ不作為の殺人を認めるには足りないと解される（平野）。

②殺人罪および非現住建造物等放火罪（大判大7.12.18）

養子が養父である義父と自分の家でいろりを囲んで話しているうちに喧嘩になり、義父はいろりの木の燃えさしを養子に投げつけた。これは当たらなかったが、養子は押切包丁をもって養父の頸部等に斬りつけ殺害した。

養子は養父の投げた燃えさしが庭にあった藁（わら）に燃え移り、放っておけば家が燃えてしまうような状況であったにもかかわらず、そうなれば養父の死体も燃えてしまって犯跡をくらますことができるだろうと思って、そのまま立ち去った。

　大審院は、既発の火力を利用する意思をもって鎮火に必要な手段をとらざるときは、不作為もまたいわゆる火を放つ行為に該当すると述べて、殺人罪（199条）と非現住建造物放火罪（109条）で処断した。

③非現住建造物等放火罪（大判昭13.3.11）

　自分一人で住んでいた家で神棚に灯明あげて礼拝したのち、外出しようとして、ふと見ると神棚のろうそくが神符の方へ傾いているのに気づいたが、もし火災が起こったら保険金がとれると思ってそのまま外出した。案の定火災になった。

　大審院は、非現住建造物放火罪（109条）で処罰した。"神棚事件"と呼ばれる。なお、非現住建造物放火罪における構成要件「現に人が住居に使用せず、かつ、現に人がいない」とは犯人以外の者が住居に使用しておらず、かつ、犯人以外の者が現在しないものをいう。

④現住建造物等放火罪（最判昭33.9.9）

　会社の事務室で一人残業をしていた被告人は、両脚の間に股火鉢をして仕事をしているうち居眠りをし、ふと目がさめると、炭火がボール箱・書類から木机に燃え移ったところであった。その時点で宿直員3名を呼び起こしその協力を得るなら、容易に消火し得る状態であったのに、そのまま放置すれば、営業所建物に延焼するに至ることを認識しながら、自己の失策の発覚を恐れ、そのまま自分のカバンだけを持って立ち去った。

　最高裁は、現住建造物放火罪（108条）の成立を認めた。

2．事実の錯誤

（1）意義
　構成要件的事実について、認識した事実と発生した事実との間で食い違いが生じた場合をいう。この場合、故意が阻却されるかどうかが問題となる。

（2）種類
　事実の錯誤には次の3種類がある。
1）客体の錯誤
　　Aだと思って殺したところBであった、あるいは犬であった。
2）方法の錯誤
　　Aを殺そうとしたところ、そばにいたBを殺してしまった。
3）因果関係の錯誤
　　Aを殺そうとピストルで撃ったが、弾丸は当たらず、Aがショックで死亡した。
　このように、因果関係の進行の過程が予想と違った場合を因果関係の錯誤という。
　刑法38条2項は、事実の錯誤を故意の問題として次のように規定している。
　刑法38条2項「重い罪に当たるべき行為をしたのに、行為の時にその重い罪に当たることとなる事実を知らなかった者は、その重い罪によって処断することはできない。」
　本項の趣旨は客観的には重い罪を実現した場合であってもそのことを行為者が認識していないときには重い罪で処罰することはできない旨を定めたもので、これも責任主義の表れである。

　　（例）行為者が、他人の飼犬を殺そうとして、誤ってその飼主を殺した場合：
　　　　犬を殺す行為は器物損壊罪（261条）、人を殺す行為は殺人罪（199条）であるが、殺人の故意はなく、重い罪の殺人罪で処断することはできない。せいぜい過失致死罪（210条）が成立するにとどまる。

（3）学説

事実の錯誤についての主な学説は以下の3つである。

1）具体的符合説

認識したところと現実に発生した結果が、具体的に符合していなければ故意は認められないとする見解。この説は、当方法の錯誤について、当初認識していなかった他の客体に結果が生じた場合に、故意を認めるか否かにより、抽象的法定的符合説と具体的法定的符合説に分かれる。前者は故意を肯定し、後者は故意を否定する。

2）法定的符合説

両者が構成要件として同じであれば故意が認められ、かつその限度でのみ故意が認められるとする見解。

3）抽象的符合説

両者が構成要件を異にしている場合でも、軽い罪の限度で故意を認めるとする見解。

(例) 上記の飼犬を殺すつもりで、誤って飼主を殺した場合は、器物損壊罪の既遂と過失致死罪（210条）の観念的競合＊となる。
＊ ［観念的競合］：1個の行為が2個以上の罪名に触れる場合をいう（54条）。

(例) 犯人が、他人の家を目がけて1個の石を投げつけ、窓ガラスを破るとともに中にいた家人を負傷させた場合には、器物損壊罪と傷害罪（204条）との観念的競合となる。また、犯人が、3人の家族が共同して飲用する鉄瓶の沸かし湯の中に、殺意をもって青酸カリの塊を投入したところ、その湯を飲んだ家族3人が死亡した場合には、3個の殺人罪（199条）の観念的競合となる。

（4）事例

1）客体の錯誤

Aだと思って殺したらBだった。具体的法定的符合説でも、「その人」を殺そうと思って「その人」を殺したのだから、殺人罪の既遂となる。抽象的法定的

符合説では、当然殺人罪が成立する。

2）方法の錯誤

Aを狙って撃ったところ、そばにいたBに当たった場合を考える。

①抽象的法定的符合説：Bに対する殺人既遂が成立することには問題はないが、Aに対する未遂が成立するかどうかは、論者の間でも一致しない。

i) 判例：これまで、Aに対する未遂の成立を認めなかったが、後に述べる事件で未遂を認めた。AにもBにも当たって死んだときは、両者に対する殺人罪を認める。

ii) 批判：殺人の故意は「およそ人」を殺す意思ではなく、「1人の」人を殺す意思なのであるから、1個の故意しかないのに、殺人既遂と殺人未遂の2罪を認めるのは不当である。

②具体的法定的符合説：Aに対する殺人未遂とBに対する過失致死を認める。

3）因果関係の錯誤

甲が乙を殺そうとしてその首を絞めたところ、乙が気絶した。すでに死亡したものと思い犯跡をくらます目的で、乙を川に投げ込んだところ、まだ仮死状態であった乙が川の中で溺死するに至ったような場合は、どうだろうか。

因果関係の錯誤に関して、甲に乙に対する殺人未遂罪と川に投げ込んだ行為について過失致死罪が成立すると解する立場もあるが、行為者の表象した因果関係の経過と実際に生じた因果の経過とが相当因果関係の範囲内にあると見られる限り、構成要件的故意を認めるのが妥当である。この例では、殺人既遂罪が成立する（判例同旨）。

(5) 注目すべき判例

注目すべき判例は、「方法の錯誤」に関して——2個の強盗殺人の未遂罪の成立を認めた判決である（最判昭53.7.28）。

1 事実：被告人Yは警ら中の巡査Aからけん銃を強取しようと決意して、同巡査を追尾した。東京都新宿区西新宿1丁目付近の歩道上に至った際、たまたま周囲に人影が見えなくなったとみて、同巡査を殺害するかも知れないことを認識し、かつ、あえてこれを認容し、建設用びょう打銃を改造してびょう1本を装てんした手製装薬銃1丁を構えて同巡査の背後約1mに接近し、同巡査の右肩部付近をねらい、ハン

マーでこの手製装薬銃の撃針後部をたたいて右びょうを発射させた。しかし、同巡査に右側胸部貫通銃創を負わせたにとどまり、かつ、同巡査のけん銃を強取することはできなかった。ところが、同巡査の身体を貫通したこのびょうは、たまたま同巡査の約30m右前方の道路反対側の歩道上を通行中のBの背部に命中し、同人は腹部貫通銃創を負った。
2 判旨：①Yは人を殺害する意思のもとで、巡査Aに傷害を負わせ、殺害するに至らなかったのであるから、同巡査Aに対する殺人未遂罪が成立する。
②同時に、Yの予期しなかった通行人Bに対しても傷害を負わせ、右殺害行為とBの傷害との間に因果関係が認められるから、Bに対する殺人未遂もまた成立する。
③被告人Yの右殺人未遂の所為は同巡査に対する強盗の手段として行われたものであるから、強盗との結合犯＊として、YのAに対する所為についてはもちろんのこと、Bに対する所為についても強盗殺人未遂罪が成立する（240条・243条）。

＊結合犯：それぞれ独立して犯罪となる複数の行為に区別できる一連の行為を1個の犯罪として構成する場合をいう。例えば、強盗罪は暴行・脅迫罪と窃盗罪、強盗殺人罪は強盗罪と殺人罪、強盗強姦罪は強盗罪と強姦罪との結合した犯罪である。

3．正当防衛と緊急避難

正当防衛と緊急避難は違法性阻却事由の代表である。
刑法36条「①急迫不正の侵害に対して、自己又は他人の権利を防衛するため、やむを得ずにした行為は、罰しない。
　　　　　②防衛の程度を超えた行為は、情状により、その刑を減軽し、又は免除することができる。」
刑法37条「①自己又は他人の生命、身体、自由又は財産に対する現在の危難を避けるため、やむを得ずにした行為は、これによって生じた害が避けようとした害の程度を超えなかった場合に限り、罰しない。ただし、その程度を超えた行為は、情状により、その刑を減軽し、又は免除することができる。」
36条第2項及び37条但書きは程度を超えた場合で、過剰防衛、過剰避難について定めた規定である。

[違法性阻却の基本原理]
　正当防衛と緊急避難について違法性はなぜ阻却されるのか、その基本原理を理解しておく必要がある。その基本原理とは、①法益の欠如と②法益の考量である。
　①法益の欠如：正当防衛の場合、不正な侵害者の法益は、正当な被侵害法益の防衛に必要な限度では、その法益性が否定されるからである。
　②法益の考量：緊急避難の場合、2つの正当な法益が衝突し、いずれかが失われざるを得ない状況にある。この場合は、法益の大きい方を優先し、小さい方を犠牲にせざるを得ない。この意味で法益の比較考量が行われる。

（1）正当防衛と緊急避難の本質
　正当防衛は、正対不正の関係である。一方、緊急避難は正対正の関係である。
1）やむを得ずにした行為
　不正な侵害者の法益は、上述したように、正当な被害法益の防衛に必要な限度では、その法益が否定される。
ア）正当防衛
　①自己または他人の権利の防衛のために必要な行為。
　②防衛行為として相当であること、緊急避難ほどではないが、社会通念からして、両法益の間にある程度の均衡が必要となる。
イ）緊急避難
　①自己または他人の生命、身体、自由または財産に対する現在の危難に対する避難行為。
　②避難行為は、より重大な法益を守るために比較的軽微な法益を犠牲にする行為であることを要する。
　　ただし、法文上は、自己の生命を守るために他人の生命を犠牲にした場合のように、生じた害が避けようとした害の程度を超えていなければ避難行為としては相当であり、違法とはならない。
2）正当防衛と緊急避難の認定
　正当防衛は「不正の侵害」に対して認められ、緊急避難は不正であると否と

を問わず「危難」があるときに認められる。
① 正当防衛は「不正」の侵害であれば認められるのであり、侵害者に責任がない場合でもよい。不正とは違法であること意味する。例えば、責任無能力者の侵害、無過失の侵害に対しても正当防衛は認められる。これが客観的違法論の帰結である。
② たとえ一般人の気付かなかったであろうという事情のもとでの侵害（無過失行為）でも、これを受ける側から見て正当でない場合には、侵害を受忍しなければならない理由はない。

3）対物防衛

例えば、他家の犬が突然咬みついてきた場合に正当防衛が成立するかという問題がある。

侵害を受ける側から見て正当なものでない場合には、人の行為でなくても侵害を受忍しなければならない理由はない。というのも、民法720条2項は「他人の物から生じた急迫の危難を避けるためその物を損傷した場合について、損害賠償の責めに任ぜず」としている。そこでは、法益の均衡を問題としていない。民法上違法でないのに、刑法上違法だというのは、刑法の補充的性格から妥当とは思われない。従って、他人の物による侵害に対しても、正当防衛を認めるべきである。

これに対して、対物防衛を認めず、上例では犬が突然咬みついてきたことについて、犬を犬小屋にきちんとつないでなかった等、飼い主の過失がある場合にのみ、人の過失行為に対する正当防衛としてのみこれを肯定する見解がある（団藤）。

（2）「急迫」の侵害と「現在」の危難

1）「自招の侵害」と「自招の危難」

自ら侵害・危難を招いた場合の「急迫性」と「現在性」が問題となる。

正当防衛や緊急避難を考えるとき、［喧嘩と正当防衛］およそ互いに暴行し合う喧嘩には、正当防衛をいれる余地はないのかが問題となる。以下に、2つの判例を挙げる。

①「殺人被告事件」（最判昭32.1.22）「喧嘩闘争と正当防衛の関係について、ひっきょう喧嘩闘争を認めるにつき一場面をのみ見て闘争の全般を観察しなかったか、または喧嘩闘争には、常に全く正当防衛の観念を容れる余地はないとの前提にたったか、いずれにしても結局前記判例（最大判昭23.7.7）の趣旨に反するというそしりを免れない。」

　この判例は、引用判例とともに、喧嘩闘争においてもなお、正当防衛の成立する余地があると認めた判例である。

②（最判昭46.11.16）「被告人が被害者から殴打され逆上して反撃に転じたからといってただちに防衛の意思を欠くものとはいえないのみならず、被害者の侵害行為が被告人にとってある程度予期されていたものであったとしても、そのことからただちに右侵害が急迫性を失うものと解すべきものではない。」

この判例は、法益の侵害があらかじめ予期されていたものであっても、そのことから直ちに正当防衛の要件である急迫性が失われるものと解するのは妥当でないとしたものである。

2）急迫性が否定される場合

　①相手を挑発する行為、②攻撃を予想しながら相手に近づく行為が、③相手の攻撃を利用してこれを傷つけようとしたと見られる場合、これらの行為は「原因において違法な行為」であり、正当防衛の濫用として、正当防衛は成立しない。

3）自招危難

　故意・過失も原因行為について考えるべきである。すなわち、「原因において違法な行為」の法理＊により解決すべきである。

　　＊［「原因において違法な行為」の法理］：最後の時点だけをとってみれば緊急避難を認めるべきであるが、そこに至った前提事実を見ると違法な原因行為があるという場合には、原因行為と結果を結び付け、違法として責任を問うという理論。

　（例）自動車の運転手Ａが注意を怠ったためにＢを轢きそうになった。これに気づいて、避けるためにハンドルを切り、そばにいたＣを轢いて負傷させた。Ｃを轢く以外にＢを轢き殺すことを避ける方法がなかったとすれば、その時点だけをとってみれば、緊急避難である。したがって、Ｃを轢く際に故意

があったとしても、Cに対する傷害の責任を問うことはできない。しかし、注意をすればBを轢こうとする事態を避けることができた場合には、その不注意な運転が原因行為であるから、Cの負傷に対する過失の責任は負わねばならない。よって、過失運転致死傷罪（自動車運転死傷法5条）が成立する。

(3) やむを得ないでした行為
「やむを得ない」かどうか、その相当性の判断が問題となる。
1) 正当防衛とやむを得ない行為
　正当防衛では必ずしも、厳格に他に方法がない場合である必要はない。逃げようと思えば逃げられる場合でも、侵害者に立ち向かってもよい。
　「侵害に対する防衛手段として相当性を有する以上、その反撃行為により生じた結果がたまたま侵害されようとした法益より大であっても、その反撃行為が正当防衛行為でなくなるものではない。」(最判昭44.12.4)
2) 緊急避難とやむを得ない行為
　緊急避難は他に方法がない場合に限られる。これを「緊急避難の補充性」という。
(例1)
　野良犬に咬まれそうになった者が、近くの他人の家へ飛び込んで難を免れる場合のように、避難者と第三者との間には「正対正」というべき関係があるので、「正」である適法な第三者の法益を侵害してまで許される避難行為の範囲は特に限られたものでなければならない。他に取るべき方法が絶対にないという必要はないが、ただ相当性の幅は正当防衛の場合よりも狭い。
(例2)
　大雨で今にも川の堤防がきれ、Aの田100haが侵害されそうになったので、Aはやむを得ず上流の堤防を壊し、Bの田50haを侵害した。この場合、Bには何ら不正はないが、Aにはこのような避難が許され緊急避難が成立する（大判昭8.11.30)。ただし、Aの行為は刑法上違法でないだけで、民法上は不法行為とてBに損害賠償をしなければならない（民709条）。

（4）防衛の意思と避難の意思

「正当防衛には防衛の意思が必要か」「緊急避難には避難意思が必要か」という問題がある。この問題は、違法性を客観的に考えるか、主観的に考えるかに関係する。

例えば、偶然防衛について見てみよう。AがBを狙っていた時、それを知らず、BもAを狙っていた。Aの方が先にBを狙って撃とうとしていたので、Bの行為は客観的には正当防衛の状況にある。しかし、防衛の意思はなかった。このとき、次のような２つの場合が考えられる。

①故意の偶然防衛……Aが狙っているのを知らず、客観的には正当防衛であるとき、Bが殺意をもって発砲し、それが防衛効果をもち得た場合。

②過失の偶然防衛……AがBに狙いを定めて、まさに撃ち殺そうとしているときに、Bがたまたま銃の手入れをしていて誤って暴発し、その弾がAに当たって防衛効果を生じた場合。

これらの場合について、現在、防衛・避難意思の有無を問題とする異なる２つの説がある。

１）防衛・避難意思必要説（判例・通説）

この説は、違法の本質について行為無価値論を基本にしている。行為無価値論では、防衛の意思が主観的正当化要素となる。防衛の意思の内容は、正当防衛の状況の認識のみならず、自分の法益を守ろうとする意図・目的・動機である。この見解では、過失による正当防衛も否定される。

２）防衛・避難意思不要説（平野・西田）

この説は、違法の本質について結果無価値論を採用する。客観的に正当防衛の状況にあるとすれば防衛効果があり、したがって、客観的に攻撃者の要保護性が必要な限度で減少・消滅しているわけであるから、そのことだけで直ちに違法阻却の効果が現れる。

３）実際上の結論

防衛・避難意思必要説を採ろうと不要説を採ろうと、具体的事件の適用においては、結論は異ならないと思われる。

防衛の意思についていえば、この意思を要しないとする立場からは、正当防

衛はとっさの場合に反射的に行われることが少なくないので、もし防衛の意思を要するとすると正当防衛の成立範囲が狭くなり過ぎると論じる。しかし、外見上は防衛行為と見える行為を明らかに犯罪的意思で行った場合までを正当防衛とすることはできないから、防衛意思を要すると解すべきであると必要説は述べる（大判昭11.12.7）。ただ、必要説も強い継続的な防衛の意思を要求しているわけではなく、防衛の意思内容は緩やかに理解する必要があり、自衛のためにほとんど無意識・本能的になされた行為についても認められるべきであるとする（大塚）。また、相手からの侵害に対し、憤激・逆上して反撃を加えた場合にも正当防衛が認められ（最判昭46.11.16）、また、攻撃の意思が併存している場合にも、直ちに防衛の意思が欠けているとは言い難いとして正当防衛の成立を認めている（最判昭50.11.28）。

3）「緊急は法をもたない」

これは、緊急状態では、法秩序よりも自己保存が優先される法諺である。正当防衛も緊急避難も、緊急状態で生じた侵害に対する違法性を阻却する法的手段である。

正当防衛と緊急避難とを簡単に比較すると次の表のようになる。

表12-1 正当防衛と緊急避難の比較

	緊急状態の存在	やむを得ない行為	法益の均衡	本質
正当防衛	(1) 急迫性（切迫した危険） ・過去、将来の侵害を除く (2) 不正の侵害＝違法 (3) 正対不正の関係	(1) 必要性の原則 ・最善、唯一の方法でなくてもよい。 (2) 相当性の原則*	[相当性の原則] ・あまりにも均衡を失うことは許されない。	・違法な侵害に対する防衛行為
緊急避難	(1) 現在の危難 (2) 危難は、適法行為・動物・自然現象を含む (3) 正対正の関係	[補充の原則] ・他に回避する方法がないこと。	・避けようとした害が、生じた害の程度を超えないこと。	・危険の第三者への転嫁

＊［相当性の原則］：具体的事情のもとで、社会的一般的見地からみて、必要かつ相当とされるものであることが必要であるとする原則。

択一問題（第12回）

次のアからオまでの記述のうち、<u>誤っているもの</u>の記号を1つ記せ。

ア．不作為犯には、真正不作為犯と不真正不作為犯がある。後者は、法の規定が作為を予定している場合に、その犯罪が不作為によりなされる場合である。

イ．不真正不作為犯が成立するためには、不作為の行為者に作為義務と作為可能性がなければならない。

ウ．正当防衛は、正対不正の関係であるので、逃げようと思えば逃げられる場合でも侵害者に対して立ち向かって防衛行為をすることができるが、緊急避難は正対正の関係であり、避難行為に補充の原則が適用され、他に採るべき避難行為がないことが原則的に要求される。

エ．最高裁は、喧嘩は共に闘争を行う場合なのでおよそ正当防衛の観念を入れる余地はないと判示している。

オ．自招危難の場合も、緊急避難が成立する余地があるが、危難が生じるについて自分に原因があれば、過失の責任を問われる可能性がある。

第13章
過剰防衛・過剰避難・責任阻却事由

1．過剰防衛・過剰避難

(1) 意義

過剰防衛とは、正当防衛が、防衛の程度を超えた場合をいう。過剰避難とは、緊急避難の避難行為が程度を超えた場合をいう。いずれの場合も行為は違法となり、犯罪は成立するが、その刑は減軽または免除できる（36条2項、37条1項但書き）。これは、緊急な事態のもとでの行為であるので、精神の動揺のため多少の「ゆきすぎ」があっても、強く非難できない場合もあるからである。非難可能性の減少すなわち「責任の減少」を理由とする措置である。

(2) 要件

1）急迫不正の侵害ないし現在の危難が存在することである。防衛・避難のためになされた行為が「やむを得ない」という要件を欠くときにのみ、過剰防衛・過剰避難は認められる。急迫・不正の侵害、現在の危難が存在しない場合には正当防衛も緊急避難も認められないから、過剰防衛・過剰避難も成立しない。一方、急迫性・現在性があり、侵害者を傷つけることがわずかの財産を守るための唯一の方法であるが、守ろうとする法益と失われた法益を比較して均衡をあまりに失する場合には、「やむを得ない」という要件を欠くことになり、過剰防衛・過剰避難が成立すると考えられる。

過剰防衛・過剰避難は、行為が防衛・避難のためになされた場合で防衛・避難の程度を超えてなければならない。客観的に防衛・避難の効果をもつ行為であることが必要である。防衛・避難の意思が必要とする立場からは、防衛・避難の意思が必要である。

(3) 過剰の二つの場合
過剰の内容は2種類ある。
1) 質的過剰
(例) 素手で防いでも防衛できるのに、短刀で胸を刺して重傷を負わせた場合。
2) 量的過剰
(例) 侵害してきた相手Aを殴ったところ①、相手は侵害を止めたのに、さらに引き続いてAを殴った場合②。

①の暴行は正当防衛だが、②の暴行は急迫の侵害もなく、防衛の効果もないから、単なる暴行罪であって、過剰防衛という観念をいれる余地はない。しかし、連続して行われ、侵害の効果が消滅した後に暴行を加えた場合は、両者合わせて一個の暴行罪に問うべき場合もある。このような場合は、全体として過剰防衛になると考えなければならない。

ここで結果的に過剰避難が認められたミニオネット号事件*を例として挙げる。

*［ミニオネット号事件］：1884年7月5日ミニオネット（Mignonette）号が、イギリスからオーストラリアに向けて航行中、喜望峰から1600マイル離れた公海上で難破した。5人の船員がボートで漂っていたが、漂流18日目に完全に食料が尽き、20日目に家族もない年少者の船員が海水を飲んで衰弱したために、他の船員に殺害され、その死体を残った船員4名が食料にして生き残ったという事件。
　これについてイギリス高等法院は、緊急避難を認めることは法律と道徳から完全にかい離していて肯定できないとし、謀殺罪として死刑を宣告した。しかし、世論では無罪が妥当との意見が多数であったため、当時の国家元首であったヴィクトリア女王から特赦され、禁錮6か月に減刑された。

第13章 過剰防衛・過剰避難・責任阻却事由

（4）判例
1)「防衛行為の相当性」(最判昭44.12.4)（傷害被告事件）[正当防衛]
　①事実
　　被告人はAと押問答をしているうち、Aが突然被告人の左指を右手でねじあげてきた。被告人は痛さのあまり、これをふりほどこうとして自由であった右手で相手の胸のあたりを一回強く突き飛ばした。すると、Aは仰向けに倒れて、たまたまそばに駐車してあった同人の自動車の後部バンパーに頭部を打ちつけ、治療45日間を要する頭部打撲傷を負った。
　②判旨（破棄差戻し）
　　「刑法36条1項にいう『已ムコトヲ得ザルニ出デタル行為』とは、反撃行為が急迫不正の侵害に対する防衛手段として相当性を有することを意味し、右行為によって生じた結果がたまたま侵害されようとした法益より大であっても、正当防衛行為でなくなるものではない。」

2)「西船橋駅事件」（千葉地判昭62.9.17）（傷害致死被告事件）[正当防衛]
　①事実
　　総武線西船橋駅の4番ホームで、女性Bが泥酔した男Aにしつこくからまれていた。AはBの頭を小突いたりBを馬鹿にするような言葉を散々浴びせたりした。Bは、Aが両手で自分のコートをつかんできたため、Aの行為を回避するためAを突いたところAは体勢を崩しホーム下に転落した。Aがホームに上がろうとしたところ進入してきた電車とホームに挟まれAは即死した。
　②判旨（正当防衛を認めて無罪）
　　「Aが酒に酔っている者によく見られるところの、自制心が働かずその行動が制御されず相手方に立ち向かうような状況にあったことが看取され、従って、そのようなAから離れるためには、被告人なりに力を入れて突く必要があったとみられること、これらの諸事情に照らせば、被告人のAを突いた所為が被告人自身からAを離すに必要にして相応な程度を超えていたとは到底いえないところである。」

3）「量的過剰」（最判昭34.2.5）（殺人被告事件）［過剰防衛］
　①事実
　　被告人XがAとBとの喧嘩を仲裁した。これを不満に感じたAは、業務用屋根ばさみをもって夜9時頃X方土間に侵入し、屋根ばさみの刃先をXの首近くに突きつけて2、3回チョキチョキと音を立ててはさみを開閉しながら、「この野郎殺してしまうぞ」と申し向けて威嚇しつつXを土間の一隅に追い詰めた。Xはじりじりと後退するうちに、右手が付近の腰掛の上にあった鉈に触ったので、このまま推移すれば殺されてしまうと考え、自己の生命身体に対する危険を排除するため、とっさにその鉈を右手につかんだ。そして、左手で目前の屋根ばさみを払いのけ、鉈でAの左頭部辺りをめがけて一撃を加え、ついでよろけながら屋根ばさみを落としたAの同部を追い討ちに殴りつけ、その場にAを横倒しにさせた。XはAの不法行為とこれに起因した異常な出来事により、はなはだしく恐怖、驚愕、興奮、かつ狼狽していたので、さらに一撃のうちにAの頭部、腕等を鉈を振るって3、4回斬りつけ、よってAを頭部切創による左大脳損傷のために死亡させた。
　②判旨（上告棄却）
　　「たとえ当初は急迫不正の侵害に対し防衛行為として已むことを得ざるに出でたものであっても、最初の一撃によって相手方の侵害的態勢がくずれ去った後引続きなお追撃の行為に出で相手方を殺傷したような場合は、被告人の本件一連の行為は、それ自体が全体として、その際の状況に照らして、刑法36条1項にいわゆる『已ムコトヲ得ザルニ出デタル行為』とはいえないのであって、却って同条2項にいわゆる『防衛ノ程度ヲ超エタル行為』に該るとして、これを有罪とした原審の判断は正当である。」
4）ホテトル嬢客刺殺事件（東高判昭63.6.9）（殺人被告事件）［過剰防衛］
　①事実
　　男Aは部屋にやって来たホテトル嬢（客の待つホテルに赴いて売春をする女性）を殴りつけ、刃渡り8センチのナイフで彼女の手を刺し、それを顔に近づけて「静かにしないと殺すぞ」と脅した。そして、Aは備え付け

の浴衣の帯や持参のガムテープで被告人を縛り、約1時間20分にわたって屈辱的な行為を強要し、さらにそれを8ミリカメラやポラロイドカメラで撮影した。そのうち彼女は、Aの要求に堪えられなくなり、Aが放置していたナイフを手にし、Aがよそ見をした瞬間をとらえて、Aの左腹部をナイフで1回刺した。その後、乱闘の末、Aは多数か所の刺し傷を負い失血死した。

②判旨（有罪：過剰防衛とみなされ、懲役2年執行猶予3年）

「被告人は、Aより異常ともいえるわいせつな行為を受け続け、被告人が、Aにナイフを奪い取られれば殺されると思ったのは、まことに無理からぬところであった。確かに、Aの側に被告人の権利に対する侵害行為のあったことは否定し難いところであるが、本件の状況下で、これに対し前記のようなせい惨な死をもって酬いることが相当であるとは認め難く、被告人の本件行為は、前後を通じ全体として社会通念上防衛行為としてやむことを得ないといえる範囲を逸脱し、防衛の程度を超えたものであると認めざるを得ない。」

③批判

本件は、「西船橋事件」と比較しても、危険の急迫性はより重大であり、正当防衛を認めてもよかったのではないかと思われる。東京高裁は、被告人がホテル嬢であることを考慮し、被告人の性的自由・身体的自由の保護は一般の婦女子のそれより「相当減殺して考慮せざるをえない」ことを付加しているが、本件のような場合は、被告人が生命の危険を感じている場合であり、被告人の職業の性質を考慮しても、Aの行為は急迫・不正の侵害といえるのではないかと解される。判例は、防衛行為が「西船橋事件」では素手でなされたのに対して、本件ではナイフを使用してなされている点をも考慮して、防衛行為の態様の違いに着目したのかも知れない。しかし、守ろうとした法益は、「西船橋事件」では女性の身体的自由であり、一方、本件ではホテル嬢の生命である。守ろうとした法益の重大さからも「防衛行為の相当性」は判断されるべきで、本件は、正当防衛の成立を認めてよい事案ではなかったかと思われる。

2．誤想防衛・誤想過剰防衛と誤想避難・誤想過剰避難

(1) 誤想防衛

正当防衛の要件を具備していないのに、具備していると誤信して防衛行為をすることをいう。これは以下の2つの場合に分類できる。

①急迫不正の侵害が存在しないのに、それがあったものと誤信して防衛行為に出た場合

②急迫不正の侵害に対して、相当な防衛行為をするつもりで不相当な行為をした場合

　主観的には、防衛の意思を有しているが、客観的にはその行為は防衛行為とは認められないので、違法性は阻却されず、犯罪が成立する。ただし、行為者の責任という観点からすると、誤想した場合も要件が現実に存在した場合と同じ責任しか問うことはできず（非難可能性）、過失が認められる場合には、過失犯が成立するものと解される（大塚）。

(2) 急迫不正についての錯誤

　急迫不正の侵害がないのにあると誤信した場合、違法性の錯誤か事実の錯誤かが問題となる。違法性の錯誤とは、行為者が、錯誤によってその行為が法律上許されないことを知らないことをいう。また、事実の錯誤とは、構成要件に該当する事実について、行為者の主観的認識と実際に発生した事実とが一致しない場合をいう。いずれの錯誤も、故意を阻却するか否かが問題となる。

1) 違法性の錯誤説（福田）

38条3項の問題で、違法性の意識の可能性がある限り故意を阻却しないと解する立場である。この立場に立っても、違法性の意識を欠いたことに相当の理由があったか否かにより結論が異なる。相当の理由があった場合は、違法性の意識の可能性がないと考えられ、故意を阻却することになる。

　38条3項「法律を知らなかったとしても、そのことによって、罪を犯す意思がなかったとすることはできない。ただし、情状により、その刑を減軽することができる。」

2）事実の錯誤説（平野・西田）（判例・通説）
　38条1項の問題で、故意犯としては不可罰と解する立場である。ただし、誤信したことに過失があれば、過失犯として処罰される。
　38条1項「①罪を犯す意思がない行為は、罰しない。ただし、法律に特別の
　　　　　規定がある場合は、この限りでない。」

（3）相当性の錯誤
　防衛行為の相当性を誤想した場合も誤想防衛となるが、誤信は相当性を基礎付ける事実についての誤信でなければならない。
　（例）①鉄棒を木刀と思った。
　　　　　　これは、相当性を基礎付ける事実の錯誤で、故意を阻却する。
　　　　②鉄棒だと認識していたが、この鉄棒で防衛してもよいと思った。
　　　　　　これは、いわゆる「あてはめの錯誤」*であって、故意を阻却しない。

　＊［あてはめの錯誤］：事実（行為・結果）が構成要件に該当するにもかかわらず、該当しないと判断してこれを行う場合で、錯誤の一種である。一般的には、この錯誤は故意を阻却しない。

　　　　③A、B、Cが酒に酔って乱暴するXを3人がかりで押さえつけたが、B、Cが認識していない間に、AがXの首を絞めて窒息死させた。これは、B、Cにとっては誤想防衛であり故意を阻却する（東地判決平14.11.21）。

（4）誤想避難
　緊急避難の要件が具備していないのに、具備していると誤信して避難行為をすることをいう。これは、2つの場合に分類できる。
①現在の危難がないのに、あると誤信して避難行為を行う場合
②法益の優越がないのに、あると誤信して避難行為を行う場合
　これは、相当な避難行為をするつもりで不相当な避難行為をした場合といえ

る。

　誤想避難も故意が欠けるため故意犯は成立せず、過失犯の規定がある場合に限り過失犯が成立する。

（5）誤想過剰防衛・誤想過剰避難

　誤想過剰防衛とは、誤想防衛の結果、過剰な防衛行為を行い、しかも過剰性について認識がある場合をいう。

　誤想過剰避難とは、誤想避難の結果、過剰な避難行為を行い、しかも過剰性について認識がある場合をいう。

1）問題点

　誤想過剰防衛について、刑法36条2項（刑の減軽・免除）の適用・準用があるか。誤想過剰避難について、刑法37条1項但書き（刑の減軽・免除）の適用・準用があるか。

　例えば、Xは、Yがナイフを手に持ってZに近づいて行くのを見て、Zを殺すつもりであると誤信した。そして、防衛行為として、銃でYの足を撃つ程度ですむところ、Yの頭をねらって撃ち死亡させた場合は誤想過剰防衛である。あるいは、他人に暴行されると誤信したAが、近くのB理髪店に入り護身用に散髪ばさみを窃取した場合、誤想過剰避難である（大阪簡判昭60.12.11）。これらの場合に、XないしAについて、殺人罪および窃盗罪の刑を減軽・免除することができるかが問題となる。これらの場合にも、行為者の非難可能性（責任）という観点から見ると、誤想した場合にも、急迫不正の侵害・現在の危難が現実に存在した場合と同じ責任しか問うことはできない。行為者は、これらの要件が存在すると信じて防衛行為・避難行為をし、その程度が過剰であった場合であるから、過剰防衛・過剰避難と同等の評価をし、刑の減軽・免除を認めるべきである。最高裁もこの結論を認めている（最決昭41.7.7（殺人未遂被告事件）*）。

　　＊〔最決昭41.7.7（殺人未遂被告事件）〕：「被告人の長男甲は乙に対し、乙がまだなんらの侵害行為に出ていないのに、これに対し所携のチェーンで殴りかかった上、なお攻撃を加えることを辞さない意思をもって、包丁を擬した乙と対峙していた。

その際に、甲の叫び声を聞いて表道路に飛び出した被告人は、右のごとき事情を知らず、甲が乙から一方的に攻撃を受けているものと誤信し、その侵害を排除するため乙に対して猟銃を発射し、散弾の一部を同人の右頸部前面鎖骨上部に命中させ治療1か月を要する傷害を与えた。被告人の本件所為は、誤想防衛であるが、その防衛の程度を超えたものとして、刑法36条2項により処断するのが相当である。」

2) 過剰の認識

過剰防衛・過剰避難は、過剰であることを認識していた場合に限られる。過剰防衛・過剰避難が、刑を減軽・免除されるのは、本章の冒頭述べたように責任の減少を根拠とする。すなわち、緊急の場合は、過剰の認識があっても、必ずしもその認識に十分な抑止効果を期待できないためである。過剰でないと思っていたときは、誤想防衛・誤想避難である。

3) 判例

① 「英国騎士道事件」（最決昭62.3.26）（傷害致死被告事件）

i) 事実

　　空手3段の腕前を有する被告人X（英国人）は、夜間帰宅中の路上で、酩酊したB女とこれをなだめていたAとがもみ合うのを目撃し、AがB女に暴行を加えているものと誤解し、同女を助けるべく両者の間に割って入った。そこで、介抱していたAもボクシングのファイティングポーズのような姿勢をとった。このため被告人は、自分を殴ってくるものと誤信して、得意の空手のまわし蹴りで、Aの後頭部を打った。その結果、Aは路上に転倒し、頭蓋骨骨折の重傷を負い死亡した。

　　第一審は、誤想防衛として無罪を言い渡した（千葉地昭59.2.7）。これに対して検察官が控訴し、控訴審は誤想過剰防衛を認めて傷害致死罪の成立を肯定した上で、刑法36条2項を適用して、懲役1年6月、執行猶予3年を言い渡した。これに対して、被告人側から上告がなされた。

ii) 判旨

　　上告棄却。「本件回し蹴り行為は、被告人Xが誤信した、Aによる急迫不

正の侵害に対する防衛手段としての相当性を逸脱していることが明らかであり、傷害致死罪が成立し、いわゆる誤想過剰防衛にあたるとして、刑法36条2項により刑を減軽した原判断は正当である。」

3．責任阻却事由

（1）故意と過失

　故意とは、犯罪事実すなわち構成要件的事実の認識をいう。刑法38条1項は「罪を犯す意思がない行為は、罰しない。ただし、法律に特別の規定がある場合は、この限りでない」と規定しており、この「罪を犯す意思」が故意を意味する。故意を要素とする犯罪を故意犯と呼ぶ。

　過失とは、犯罪事実（構成要件的事実）とその結果の発生を認識するべきであったのにもかかわらず、不注意によりその結果発生を認識しなかった場合である。過失に基づいて犯された犯罪を過失犯という。刑法38条1項但書きは、過失犯を定める規定である。

　刑法上の責任とは、行為者に対する非難可能性である。故意も過失も責任要素である。故意は、犯罪事実の認識がある場合であるから、その犯罪行為を止める反対動機の形成が可能であったのにもかかわらず、犯罪行為に出て構成要件的結果を生じさせた点に非難可能性の根拠がある。過失の場合は、犯罪事実の認識はないが、注意をすればその犯罪事実を認識できて構成要件的結果を防止できたのにもかかわらず、不注意により犯罪結果を生じさせた点に非難の根拠がある。犯罪事実の認識が現実に存在しない点で、故意と比較して、過失の非難可能性は弱く、原則として比較的軽く処罰される。

　付言すれば、故意には犯罪個別化機能を有する構成要件の主観的要素である構成要件的故意と事実非難可能性を根拠づける責任要素としての故意との2種類がある。しかし、いずれも犯罪の認識であり実体においては異ならない。構成要件的過失と責任要素としての過失についても同様である。

（2）違法性の意識の可能性

　故意の要素として違法性の意識ないし違法性の意識の可能性が必要かという問題がある。伝統的に「法の不知は許さず」という格言があるように、自己の行為が違法であるという認識がないからといって処罰を免れることはできないとされている。違法性の意識の可能性をめぐって2つの見解が対立している。

1）故意説

　違法性の意識も故意の要素であると解する立場である。厳格故意説と制限故意説に分かれる。厳格故意説は、故意には厳格な意味の違法の意識を必要とするとする見解であり、制限故意説は、故意にはやや緩和された意味での違法の意識が必要であるとする見解である。

2）責任説

　違法性の意識の可能性は、故意・過失に共通の別個独立の責任要素と解する立場である。この立場では、自己の行為の違法性を認識していたことは必要ないが、少なくとも違法性を認識する可能性が存在したことを必要とする。

（3）判例

　この場合の判例としては、「たぬき・むじな事件」（大判大14.6.9）、「もま・むささび事件」（大判大13.4.25）がある。いずれも狩猟法違反被告事件で類似した事件である。しかし、前者の被告は無罪となり、後者の被告は、有罪となった。

1）「たぬき・むじな事件」

①事実

　被告人は狩猟法により一定期間中捕獲を禁止されている狸（たぬき）を、その地方で通俗的に十文字貉（むじな）と呼ばれている獣であって狸とは全然別個のものであると誤信して、捕獲し殺した。

②判旨

　「被告人の狩猟法において捕獲を禁ずる狸中に俚俗（注：田舎の意）にいわゆる貉（むじな）をも包含することを意識せず、したがって十文字貉は禁止獣たる狸と別物なりとの信念の下に之を捕獲したるものなれば狩猟法の禁止せる狸を捕獲する認識を欠如したるや明らかなり。」

2)「もま・むささび事件」
　①事実
　　被告人は狩猟禁止期間中に捕獲を禁じられたむささびを3匹捕獲したものであるが、そのむささびは被告人の地方では「もま」と俗称されており、被告人は、捕獲した獣は「もま」で、その「もま」が狩猟禁止獣である「むささび」であることを知らなかった。
　②判旨
　　「むささびと『もま』とは同一の物なるにかかわらず、単にその同一なることを知らず、『もま』はこれを捕獲するも罪とならずと信じて捕獲したるに過ぎざる場合においては法律をもって捕獲を禁じたむささびすなわち『もま』を『もま』と知りて捕獲したるものにして犯罪構成に必要なる事実の認識に何ら欠点あることなくただその行為の違法なることを知らざるに止まるものである。」
3）判例のまとめ
　①狩猟法は、「たぬき」と「むささび」の捕獲を禁止していた。
　②「たぬき」を「むじな」だと思って捕獲した者は無罪となり、「むささび」を「もま」だと思って捕獲した者は、有罪となった。
　③「むじな」であるとの認識は、「たぬき」であるという「社会的意味」の認識を欠いていたと解される。すなわち、構成要件的事実の認識を欠いており、「事実の錯誤」である。したがって、故意を阻却する。一方、「もま」は「むささび」の俗称であり、「もま」であるとの認識は、「むささび」という概念の「しろうと的認識」である。これは、構成要件的事実の認識があり本来違法な行為であるが、自分の狩猟行為は違法でないと考えた「違法性の錯誤」である。したがって、判例は故意を阻却しないと判断した。

(4) 違法性の錯誤
　違法性の錯誤とは、行為者が錯誤によって、その行為が法律上許されないことを知らないこと、すなわち、違法性の意識を欠くことを意味する（禁止の錯誤）。行為が法律上許されないことをまったく知らなかった場合と、違法性を基

礎づける事実の認識はあるが、それにもかかわらず、自己の行為が法律上許されている（違法性はない）と誤信した場合を含む。すなわち、「法の不知」と「あてはめの錯誤」を含むものである。違法性の錯誤は、責任形式としての故意を阻却するかどうかが問題となる。

この点、違法性の錯誤がやむを得ない事情にもとづくときは、行為者に対する非難も減少するといえる。違法性の意識を欠いたことについて、およそ行為者を非難できないときは不可罰となる。この場合は、違法性の意識の可能性がない場合であり、38条3項但書きの延長線上にこの結論を認めることができると考えられる。この結論は、責任主義「責任なければ刑罰なし」の要請である。

（5）期待可能性
1）意義
　犯罪事実を認識し、かつそれが違法であることを意識したとしても、その判断に従って、行動を抑制できなかった場合、すなわち、適法な行為を期待できない場合には、その行為を非難することはできず、したがって責任を問うことはできないとする理論。
2）ドイツの判例
　尾で手綱をまきとる悪い癖がある馬であることを知っていた被告の御者は、その馬車を御することをことわると、雇主から首にされるおそれがあったので馬車を御して出発した。その途中馬が暴れて人を傷つけるという事件が起こった。ドイツの裁判所は、その馬を御さないでおく期待可能性がないから過失犯は成立しないとして無罪を言い渡した。

（6）責任能力
　非難としての刑罰を科しうる能力をいう。次のような場合は、行為者に完全な責任を問うことはできない。
　刑法39条「①心身喪失者の行為は、罰しない。
　　　　　　②心身耗弱者の行為は、その刑を減軽する。」
1）心身喪失：①精神の障害により事物の理非善悪を弁識する能力がなく、

又は②この弁識に従って行動する能力のない状態をいう。

例えば、精神病質、精神薄弱、麻薬・覚醒剤中毒などに起因する一時的精神異常、病的酩酊(めいてい)、催眠状態などが挙げられる。

2) 心身耗弱：精神の障害により、その能力①②が著しく減退している状態をいう。

例えば、軽症の痴愚、軽愚段階の精神薄弱、重い酩酊（複雑酩酊）等が挙げられる。

4．未遂犯と不能犯

（1）未遂犯

　未遂犯とは、犯罪の実行に着手して、これを遂げなかった場合をいう。法益侵害という結果発生の具体的危険を有する行為でなければならない。

（刑法43条）「犯罪の実行に着手してこれを遂げなかった者は、その刑を減軽することができる。ただし、自己の意思により犯罪を中止したときは、その刑を減軽し、又は免除する。」

1) 着手未遂と実行未遂

　未遂犯には2つの態様がある。着手未遂と実行未遂である。前者は、例えば、人を殺そうとしてピストルで狙いをつけたが、まだ引き金を引かなかった場合であり、後者は、例えば、ピストルの引き金を引いたが弾丸がその人に当たらなかった場合である。

2) 中止犯

　中止犯とは、犯罪の実行に着手し、自己の意思により犯罪を行うことを中止した場合をいう。この場合は、その刑を減軽・免除しなければならない（43条但書）。これは、行為者がすでに実行に着手した場合、結果の発生を防止するには本人の意思に頼るほかないので、政策的に「引き返すための金の橋」（リスト）を設けたものと解される。

(2) 不能犯

　不能犯とは、外形的には実行の着手にあたる行為が行われたが、事後的客観的には結果発生の可能性がなかったという場合をいう。客観的にみて結果発生の危険がまったくない場合は、不可罰である。不能犯については、見解が大きく3つに分かれる。

1) 抽象的危険説

　この説では、行為者の認識していた事実が実際に存在していたとすれば、一般人が危険を感じる場合には、危険の存在を肯定し、可罰的未遂とする。
　(例) 空のポケットでも行為者が財物があると思ってポケットに触った場合は、窃盗未遂罪。
　　　空のベッドでも行為者が人が寝ていると思ってピストルで撃った場合は、殺人未遂罪。

2) 客観的危険説

　これは、結果発生の純客観的危険性を要求する見解で、すなわち不能犯と未遂犯とを、絶対的不能か相対的不能かを規準として区別しようとする立場である。例えば、青酸カリを飲ませて人を殺そうとした場合を考えてみよう。
　①絶対的不能：「その毒薬が、およそ人を殺すには足りない量であった」ときは、不能犯であり不可罰とされる。
　②相対的不能：「その毒薬が、たまたまその人を殺すには足りない量であった」ときは、未遂犯として処罰される。

　この他に、ピストルの引き金を引いたが弾丸が入っていなかった場合やピストルを撃ったが相手はその前に死亡していたような場合には、絶対的不能となり不可罰となる。しかし、この見解に立っても、人を殺すに足りない量の青酸カリを与えた場合も、弾丸が入っていないピストルの引き金を引いた場合も未遂犯の成立を認める。この問題は、「およそ青酸カリで人を殺すことは可能か」あるいは、「およそピストルで人を殺すことは可能か」という問題の立て方をすると絶対的不能ではなく、すべて相対的不能となる。絶対的か相対的かは相対的で抽象的な区別である。

3）具体的危険説

これは、客観的危険性の存否を具体的事実に即して判断しようとする見解である。具体的状況を一般人の立場から見て、結果発生の危険性があると思われるときには未遂犯として処罰するというのが、現在の支配的見解である。上記の青酸カリおよび空ベッドに向けてのピストル発射の例のように、一般人が殺人の危険を具体的に感じる場合は未遂犯として処罰されることになる。空ベッドの例でも、1分前まではそのベッドに人が寝ていたが、たまたまトイレに起きて行き空ベッドになっていた場合は、不能犯ではなく未遂犯が成立すると解される。

4）判例の見解

判例は殺人被告事件につき、「不能犯とは、犯罪行為の性質上結果発生の危険を絶対に不能ならしめるものをいう」（最判昭25.8.31）との立場に立っている。絶対的不能か相対的不能かにより、不能犯と未遂犯とを区別する上記客観的危険説を採っていると考えられる。

(3) 方法の不能

方法の不能とは、犯罪行為の手段・方法に錯誤があり、結果が発生しなかった場合をいう。

①手段のもつ効果に錯誤があった場合
（例）硫黄を飲ませて殺そうとした場合は不能犯（大判大6.9.10）
②手段として用いられた物自体に錯誤がある場合
（例）被告人は、巡査甲により緊急逮捕されるに際し、甲が腰に着装していた拳銃を奪取し、甲の脇腹に銃口を当て引き金を引いたが、たまたま実弾が装填されていなかったので、殺害の目的を達しなかった。判例は、実害を生ずる危険があると判定し、未遂犯として処罰している（福岡高判昭28.11.10）
③手段として使う物を錯誤によって取り違えた場合
（例1）Aという毒薬でBを殺そうと思い、薬局に買いに行ったが、薬の名を間違えてCという栄養剤を買い、これをBに飲ませた。この場合は、

客観的に危険はないと考えられ不能犯というべきであろう。
（例２）毒薬を買ってきて戸棚に入れておいたが、取り出すときにビンを間違えて隣にあった別のビンを取り出してその無害な液体を飲ませた。この場合は、一般人でもこのような状況ではビンを取り違える可能性があることを考えると、その危険性に注目して未遂として処罰することもできると解される。

(4) 客体の不能
客体の不能とは、犯罪構成要件の客体が欠如している場合をいう。
判例として、「死体に対する殺人未遂罪」（広高判昭36.7.10）を挙げる。
1）事実
被告Ｘは、判示Ｂ組事務所玄関に荷物を運び入れていた際、屋外で拳銃音がしたので、被告人ＹがＡを銃撃したものと直感した。玄関外に出てみたところ、被告人ＹがＡを追いかけており、次いで両名が同事務所東北方約30ｍのところに所在するＣ歯科医院邸内に飛び込んだ途端２発の銃声が聞こえた。Ｘはその銃撃が急所を外れている場合を慮り、同被告人Ｙに加勢してＡにいわゆるとどめを刺そうと企て、即座に右事務所玄関付近にあった日本刀を携えて右医院に急行した。被告人Ｙの銃撃により同病院玄関前に倒れていたＡに対し、同人がまだ生命を保っているものと信じ、故意をもって左右腹部、前胸部その他を日本刀で突き刺したものであることが認められる。
Ａの直接の死因は頭部貫通銃創による脳挫創であるが、通常同種創傷の受傷者は意識が消失しても文字通り即死するものではなく、真死に至るまでには少なくとも数分ないし十数分を要し、時によってはそれよりやや長い時間を要することが確認されている。
2）判旨（殺人未遂罪）
「かかる場合において被告Ｘの加害行為の寸前にＡが死亡していたとしても、それは意外の障害により予期の結果を生ぜしめ得なかったに止まり、行為の性質上結果発生の危険がないとはいえないから、同被告人の所為は殺人の不能犯と解すべきではなく、その未遂罪をもって論ずるのが相当である。」

5．幻覚犯と主体の不能

（1）性質

　不能犯と幻覚犯は事実の錯誤と違法性の錯誤との区別に対応している。

　ある事実が違法であるにもかかわらず、違法でないと思った場合は違法性の錯誤であるが、違法でないにもかかわらず、違法だと思った場合を幻覚犯という。

　その一方で、違法な事実が存在するにもかかわらず、存在しないと思った場合は事実の錯誤であり、違法な事実は存在しないにもかかわらず、存在すると思った場合が不能犯である。

2）例

①幻覚犯

　公務員でない者が公務員だと思って収賄したとき、贈賄者は客体の不能だから、贈賄未遂となることもあるが、収賄者は公務員の身分を有しないから幻覚犯であっておよそ未遂にはなり得ない。

②不能犯

　偽証罪（169条）は、「法律によって宣誓した証人」が偽証したときだけを処罰することにしているが、委員会の規則によって宣誓した証人も偽証罪になると思った場合。これは、法律には委員会規則が含まれるかという裁判官の判断を必要とする規範的事実の錯誤であって、違法性の錯誤ではないから、幻覚犯ではなく不能犯である。

択一問題（第13回）

次のアからオまでの記述のうち、誤っているものの記号を1つ記せ。

ア．過剰防衛が成立するためには、防衛行為の過剰性を基礎付ける事実の認識がなければならない。
イ．構成要件に該当する行為は違法性が推定され、その後具体的に違法性阻却事由および責任阻却事由の有無を判断して、犯罪の成否を決定するという判断過程を採るのが構成要件理論の帰結である。
ウ．誤想過剰防衛にも刑法36条2項の刑の減軽・免除の規定が適用されるとするのが最高裁の見解である。
エ．XがAを殺害しようとしてピストルを発射したところ、Aの服の袖をかすめAの背後にいたBに命中し死亡させた場合、最高裁の立場に立てば、Aに対する殺人未遂罪とBに対する過失致死罪が成立する。
オ．他人の飼い犬を殺そうとして、誤ってその飼い主を殺した場合、抽象的符合説では、器物損壊罪の既遂と過失致死罪の観念的競合となる。

第14章
共犯と間接正犯

1. 共犯

(1) 共犯の意義

 共犯とは、単独犯に対するものであり、複数の者が共同して犯罪を実現する場合をいう。共犯は、任意的共犯と必要的共犯に区別される。任意的共犯とは、法律上単独犯として予定されている犯罪を、2人以上の行為者が共同して行う場合をいう。必要的共犯とは、刑罰法規上2人以上の者の共同の犯行を予定して定められた犯罪をいう。さらに、必要的共犯は通常、対向犯と多衆犯とに分かれる。対向犯とは、2人以上の行為者の互いに対向した行為の存在することが要件とされる犯罪であり、重婚罪（184条）、賄賂罪（197条・198条）などがこれにあたる。多衆犯とは、内乱罪（77条）、騒乱罪（106条）のように、犯罪の成立上、同一の目標に向けられた多衆の共同行為が必要とされるものをいう。

 ところで、正犯とは、みずから犯罪を実行した者をいい、その犯罪の主犯であるという評価も含まれている。正犯と狭義の共犯（教唆犯・幇助犯）との関係およびその処罰規定との関係については、以下のように見解が分かれている。

1) 統一的正犯概念

 教唆・幇助を含めて、すべての犯罪関与者を正犯として処罰する立場をいう。

2) 拡張的正犯概念

 教唆・幇助は本来正犯であるが、その一部を取り出して犯罪の刑を減軽し、

あるいは一部（未遂犯など）を不可罰としたものと解する立場をいう。したがって、教唆・幇助の規定は、犯罪（刑罰）縮小事由と解する。
3) 限縮的正犯概念
　他人を介することなく、自分の手によって直接構成要件的行為を行った者だけが正犯であるとし、教唆・幇助は一定の犯罪について、特に処罰範囲を拡張したものと解する立場をいう（通説）。

（2）共犯の種類
　共犯は、以下の3つに分けられる。
1) 共同正犯
　数人が共同して基本的構成要件該当事実を実現する場合
　　（刑法60条）（共同正犯）「2人以上共同して犯罪を実行した者は、すべて正犯とする。」
2) 教唆犯
　人の犯罪実行の決意を生ぜしめること。
　　（刑法61条）（教唆）「①人を教唆して犯罪を実行させた者には、正犯の刑を科する。
　　　　　　　　　　　　②教唆者を教唆した者についても、前項と同様とする。」
3) 幇助犯
　実行行為以外の行為をもって正犯の実行行為を容易ならしめること。凶器の貸与等の物質的方法によると、助言・激励などの精神的方法によるとを問わない。
　　（刑法62条）（幇助）「①正犯を幇助した者は、従犯とする。
　　　　　　　　　　　　②従犯を教唆した者には、従犯の刑を科する。」

（3）共犯概念の基本的問題
　共犯概念には、次の3つの基本的問題がある。
1) 共犯の因果性
　自己の行為と因果関係のないことに責任を問われない。

2）共犯の限定性

　因果性のある行為のうち、共犯になるのはその内の一定の行為に限られる。因果関係があればただちに共犯となり、生じたすべての結果について刑事責任を問われるというわけではない。

3）共犯の正犯への従属性

　共犯概念は、正犯概念を基礎としてこれに関係づけて作り上げられている。正犯の実行行為がなければ、共犯は成立しない。

2．共犯の独立性と従属性

（1）共犯の独立性

　共犯も自己の行為およびこれによって生じた結果について罪責を問われるのであって、他人である正犯の行為の罪責を問われるのではない。共犯の行為について責任を問われるのも自己の行為の結果である限度でのみである。これは、「個人責任の原則」*上当然の結果である。

　　*［個人責任の原則］：行為者の行った個人的行為についてのみ、その行為者に責任を認め得るとする原則。

　また、共犯も自己の行為およびこれにもとづいて発生した結果について責任を負うのであるが、それは「正犯の行為を通じて」結果が発生した場合に限られる。したがって、共犯者の行為から直接結果が発生したときは、共犯とは呼ばない。

（2）共犯の従属性

　共犯はそれ独自では犯罪とはならず、常に何罪かの共犯であり、この点で正犯に従属することになる。

1）実行従属性

　正犯が現実に実行行為をしたことが、共犯成立の要件になるか。この問題について、2つの立場がある。

①共犯独立性説：正犯が実行行為をしなかったときも、教唆者を教唆の未遂として処罰する。
②共犯従属性説：共犯が成立するためには、正犯の実行行為が現に行われたことを要する（通説）。

2）要素従属性

共犯が成立するためには、その正犯の行為がどの程度に犯罪の要件を具備することが必要かという問題である。

①最小従属性説：構成要件に該当する行為であればよい。正犯の行為が違法でない場合も狭義の共犯は処罰されることになる。

これは、違法な結果を生ぜしめた点に処罰根拠があるとする因果共犯論（違法共犯論）にもとづく。違法は客観的で連帯的である。

②制限従属性説：構成要件に該当する違法な行為であることが必要であり、かつそれで足りる。

これは、違法な状態を生ぜしめた点に処罰根拠があるとする違法共犯論にもとづく。違法は客観的で連帯的に作用するのである。

③極端従属性説：構成要件に該当する違法・有責な行為であることが必要である。

これは、人を堕落させた点に処罰の根拠があるとする責任共犯論に起因している。判例の採る立場である。

④誇張従属性説：正犯の一身的刑の加重減軽事由も共犯に影響を及ぼす。

この説に立てば、Xが12歳の刑事未成年者Yに窃盗を教唆した場合でも、Xは無罪となる。Yは刑法41条により処罰されないからである。

（3）罪名従属性

正犯と共犯の罪名についても、次の2つの説がある。

1）罪名従属性説

共犯は正犯と同じ罪名であるべきであるとする見解。これは、犯罪共同説*に由来している。

*［犯罪共同説］：共犯は、一定の基本的構成要件に該当する実行行為を共同して行うものであるとする立場。ただし、現在では、異なる犯罪であって、構成要件的に完全に重なり合わなくても、重なり合う限度では共犯の成立を肯定し得るとする部分的犯罪共同説が通説といえる。これに対して、共犯に、正犯と完全な構成要件的重複行為を要求する見解を完全犯罪共同説と呼ぶ。

2）罪名独立性説：共犯の罪名は正犯の罪名と違ったものでもよいとする見解。これは、行為共同説*に由来していると解される。

*［行為共同説］：共犯は、自己の犯罪実現のために他人を利用する場合であり、行為・因果関係を共同にすればよいのであって犯罪を共同する必要はないとする立場。

（4）未遂の教唆

既遂の罪を教唆したが正犯が未遂に終わった場合、その未遂が処罰される未遂であれば、教唆者も未遂の教唆として処罰される。未遂の教唆について、アジャン・プロヴォカトゥール（agent provocateur)が問題となる。これは初めから未遂に終わらせるつもりで教唆した場合をいう。例えば、おとり捜査*等が挙げられる。アジャン・プロヴォカトゥールは、常に未遂の教唆となるとは限らないが、未遂の教唆となる場合も考えられる。

*［おとり捜査］：刑事が初めから逮捕の目的で人に犯罪を教唆し、実行を始めたところをただちに逮捕するような場合をいう。例えば、麻薬の密売を教唆し、麻薬を出したところで逮捕するような場合である。

次の場合に未遂罪が成立するか。

（例1） 甲が通行人乙のポケットに何も入っていないことを知りながら、丙に向かって乙のポケットから現金を「スリ取れ」とそそのかした場合。

（例2） AがBにCの金庫の鍵を渡して窃盗を教唆し、Bが金庫を開けたなら、AはBが実行に着手した時点で確実に犯罪が既遂に至ることをやめさせるつもりであった場合。

（結論）いずれの場合も、正犯に未遂行為を行わせることによって、結果発生の危険性を生ぜしめることが「結果」なのであり、教唆者もその結果の発生を認識していたのであるから、主観的要素として欠けるところ

はない。スリの場合も、不能犯における具体的危険説に立てば、財物の窃取という結果発生の危険があると考えられる。したがって、窃盗未遂の教唆犯の成立が肯定される。しかし、必ず防止されることが具体的に明らかであるときは、不能犯の教唆として不可罰となり得る。

(5) 責任共犯論と違法共犯論

共犯の処罰根拠を、他人を刑罰と罪責に陥れたことに求める考え方を責任共犯論という。これは、刑事責任を有する犯罪者を作り出したという点に処罰根拠を求める。

一方、共犯の処罰根拠を、正犯者に構成要件に該当する違法行為を行わせたことに求める見解を違法共犯論という。正犯行為は違法であればよく、有責性までは必要としない。

責任共犯論と違法共犯論の帰結をまとめると次のようになろう。

① 「違法は連帯的である」：正犯の行為が違法であれば、共犯の行為も違法である。
② 「責任は個別的である」：正犯に責任がなくとも共犯に責任があることもあり、その逆のこともある。
③ 違法は本来客観的なものであり、責任は主観的なものである。
④ 極端従属性説を採ると正犯に責任がない場合、例えば、Aが13歳（刑事未成年*）のBをそそのかしてXの家に忍びこませ、金を取って来させた場合、Aは間接正犯とされる。

* ［刑事未成年］（刑法41条）「14歳に満たない者の行為は、罰しない。」これは、年少者は若年であるがゆえに、是非弁識能力が十分でない場合があり、可塑性に富む少年に対して刑事罰をもってのぞむのは適当でないという政策的判断によるものである。

⑤ 違法は、原則として客観的・連帯的であるが、例外的に一身的であることがある。
（例）正当防衛に防衛の意思が必要だとしたとき、XがYを教唆してZに殴りかからせ、他方事情を知らないZに対しては、正当防衛としてYを殴

るように教唆した場合、Xには正当防衛の意思がないから違法であるが、Zには正当防衛の意思があるから正当防衛として適法だということになる。

3．間接正犯

被利用者が正犯とはいい難く、利用者がこれを道具のように使用しており、利用者が自ら手を下したのと同視し得るような場合をいう。

（1）道具理論

　被利用者は単なる道具に過ぎず、利用者は道具を使って犯罪を行ったと同じように正犯であるとする見解がある。これは、被利用者を道具になぞらえるので、「道具理論」と呼ばれる。

どのような場合に間接正犯を肯定するかについて次の2つの立場がある。

1）優越性の理論

　利用者が被利用者よりも「優越」している場合には、利用者が正犯となる。

2）行為支配の理論

　利用者の行為が被利用者の行為を支配しているときには、利用者を正犯だとする。

　いずれの立場に立っても結論に大きな差異は生じない。

（2）被利用者に故意がない場合

被利用者に故意がない場合の例を挙げよう。

　例えば、医師Aが毒薬であることを秘して、看護師Bに命じて患者Cに注射をさせ、Cを死亡させた場合、

　　Bは業務上過失致死罪、Aは殺人罪の間接正犯（Bの過失行為を利用する）となろう。

（3）被利用者に責任能力がない場合

判例は、責任無能力者を利用する場合はすべて間接正犯と解する。これは、共犯の要素従属性に関して極端従属性説を採る結果である。制限従属性説の立場からは、この場合は教唆犯が成立することになる。制限従属性説に立っても、被利用者にまったく意思がない場合はもちろん、ごく幼年である場合、あるいは精神障害の重い場合は、もはや教唆犯ではなく、間接正犯である（平野）。

（4）故意ある道具の場合

被利用者に故意があるにもかかわらず、利用者が間接正犯になる場合がある。
①身分犯において、利用者には身分があるが被利用者に身分がない場合
（例）公務員Aが非公務員Bを使って、Xに対して賄賂を要求させた場合
②目的のない故意ある道具の場合
（例）Aは行使の目的があるが、これを秘して、Bに通貨を偽造させた場合。
刑法148条（通貨偽造罪）「① 行使の目的で、通用の貨幣、紙幣、又は銀行券を偽造し、又は変造した者は、無期又は三年以上の懲役に処する。」
これら①②の場合は、制限従属性説に立っても間接正犯とせざるを得ない。

（5）適法行為を利用した場合

例えば、司法警察員甲が虚偽の事実を述べて裁判官に逮捕状を出させ、司法巡査乙をしてXを逮捕させた場合、裁判官の逮捕状の発付および乙の逮捕行為は適法だが、甲は逮捕監禁罪の間接正犯となる。

4．罪名の従属性

共犯は、正犯と同じ罪名でなければならないかどうかという問題があるが、共犯の行為がどの程度共同してなされたかという観点から3つの説がある。

1）（完全）犯罪共同説
共同正犯は一定の基本的構成要件に該当する実行行為を共同して行うもの。
2）行為共同説

前構成要件的あるいは前法律的・自然的な行為を共同に行えば、共同正犯となる。

3）部分的犯罪共同説

犯罪行為の全部にわたって共同である必要はなく、その一部の共同でよい。

（例１）甲が乙に窃盗を教唆したところ、乙は強盗を行ったという場合、甲は窃盗の限度で強盗である乙と共犯となる。

（例２）Ａは強盗の目的で、Ｂは強姦の目的で、しかも相互に相手の目的を知らずに、共同してＸに暴行を加えたが、いずれも目的を達しなかったとき、Ａは強盗未遂、Ｂは強姦未遂であって、しかも暴行の限度では共犯である。したがって、自分の暴行の結果だけでなく、相手が加えた暴行の結果である傷害についても責任を負い、Ａは強盗（未遂）致傷（240条）、Ｂは強姦（未遂）致傷（181条２項）で処罰される。

部分的犯罪共同説では、共犯の罪名ないし罰条は必ずしも正犯ないし他の共犯の罪名と同じである必要はない。しかし、完全犯罪共同説では、共犯は正犯とまったく同じ犯罪についてのみ成立し、共犯の罪名は正犯の罪名と同じ罪名でなければならないとする。完全犯罪共同説を採ると、上記の事例では次のような結論となる。

（例１）では、甲には強盗の教唆犯（236条・61条）が成立し、刑は窃盗の刑（235条）が科される。

（例２）では、Ａ・Ｂに強盗強姦致傷（241条）の共同正犯が成立し、科刑の点はＡは強盗致傷（240条）、Ｂは強姦致傷（181条２項）の刑で処断されることになる。

しかし、この結論では、罪名と法定刑の分離をもたらし妥当ではないと思われる。

5．共同正犯

（刑法60条）「2人以上共同して犯罪を実行した者は、すべて正犯とする。」

「2人以上共同して犯罪を実行した者」が共同正犯である。「すべて正犯とする」とは、他人と犯罪を共同実行した者は、各自がそれぞれの行為で生じさせた結果ばかりでなく、他の協力者がもたらした結果もまた、みずからが引き起こしたものと同等に扱って各自が結果全体について責任を問われるということを意味する。

（1）要件
共同正犯には、2つの要件がある。
1）主観的要件

共同加功（実行）の意思が必要である。共同加功の意思とは、2人以上の者が共同してある犯罪を実行しようとする意思、すなわち互いに相手の行為を利用し合い、補充し合ってその犯罪を実現しようする意思をいう。

2）客観的要件

共同加功（実行）の事実が必要である。すなわち、構成要件該当行為の一部を分担したことを要する。

共同加功の意思と共同加功の事実があれば、上述したように、共同正犯の各自は、自己の行為の結果だけでなく、他の共同正犯者の行為の結果に対しても責任を負う。

（例）AとBとがXを殺そうという共同の意思で、各自Xに向かってピストルを発射し、Aの弾丸が当たってXは死んだが、Bの弾丸は当たらなかった場合、AとBの刑事責任はどうなるか。

（結論）Aはもちろん、BもXの死に対して既遂の責任を負う。したがって、また、Xに当たった弾丸がAが発射したものか、Bが発射したものかわからない場合でも、A・BともにXの死に対して既遂の責任を負う。Bが自分の弾丸が当たらなかったときでも責任を問われるのは、BがAの心理を通じてその行為に影響を与え、その行為および結果に対して因果

関係を及ぼしたからである。

（2）承継的共犯

正犯の実行行為の途中から共犯が関与する場合を承継的共犯という。

共犯は関与した時以後の正犯の行為および結果についてしか責めを負わない。関与以前の行為に対して、共犯の行為が因果性をもつことはあり得ないからである。

判例を挙げる。夫Aが夜家を出て行くので、不審に思った妻Bが後をつけて行くと、ある家の前で夫に会った。Aは、その家で強盗をしようとして人を殺した旨を告げたので、Bは一緒に家の中に入り、明りを照らして、Aが財物を取るのを助けた。

この事案で、大審院は、Bも強盗殺人の幇助犯とした（大判昭13.11.18）。この判決には完全犯罪共同説の影響があるのかもしれないが、自己の行為と因果関係のない殺人の結果についてまで責任を問われるのは妥当ではない。

ところで、関与以前の行為についても責任を問われるように見える場合がある。それは、その行為が関与後にもなお効果をもち続けている場合である。

① AがCを抗拒不能に陥れた後、Bが加わって共同して物を取ったときは、Bは窃盗ではなく、Aの行為には暴行脅迫が及んでおり、それ自体が強盗行為でありそれをBも共同したのだから、強盗の共同正犯である。

② 甲が騙取の目的で、丙を欺罔した後、乙が加わって甲とともに錯誤に陥った丙から財物の交付を受けたときは、丙の錯誤の状態が継続している以上詐欺行為を共同したといえ、詐欺の共同正犯が成立する。

（3）共謀共同正犯

1）意義

2人以上の者が特定の犯罪を行うため共謀し、その内の1人に実行させたときは、全員が共同正犯となるとする見解を共謀共同正犯という。伝統的に判例の採る立場である。この見解では、犯罪の実行以外の共謀や準備にのみ関与した者も共同正犯として処罰されることになる。判例の理論的基礎となったのが、

「共同意思主体説*」である。

> *［共同意思主体説］：2人以上の者が『同心一体』となることにより、「共同意思主体」が形成され、その中の1人が犯罪を実行した場合、その行為はこの共同意思主体の活動であって、共同意思主体を形成している各人がすべてその行為について責任を負うとする理論。これは、大審院判事であった草野豹一郎によって提唱された理論であり、次のように説いた。「およそ共同正犯の本質は、2人以上の者、一心同体の如く、互いに相寄り相援けて、各自の犯意を共同的に実現し、以て、特定の犯罪を実行するに在り。共同者が、皆既成の事実に対し全責任を負担せざるべからざる理由ここに存す。もしそれ、その共同実現の手段に至りては、必ずしも一律に非ず。あるいは、ともに手を下して犯意を遂行することにあり、あるいは、又共に謀議を凝したる（心を一つにした）上、その一部の者において、これが遂行の衝に当たることあり、その態様同じからずといえども、2者均しく協心協力の作用たるにおいて、その価値異なるところなし。従って、そのいずれの場合においても、共同正犯の関係を認むべきを以て原則なりとす。（中略）2人以上の者、窃盗又は強盗の罪を犯さんことを謀議し、その中のある者においてこれを実行したるときは、爾余（その他）の者またよって以て自己の犯意を実現したるものとして、共同正犯たるの責任を負うべきものと解せざるべからず」（大連判昭11.5.28）。

2）問題点

共謀共同正犯では、実行行為を行わなかった者も正犯として処罰されるので、団体責任を認めるもので個人責任の原則に反するという批判がある。また、行為責任の観点からも問題を論ずる余地があろう。ただ、判例として確定している理論であること、また、犯罪遂行に影響を与える意思疎通としての共謀を通して、「他人の行為を自己の手段とした」と評価されるような実行に準ずる重要な役割を果たす他の共謀者を正犯として処罰する実効性があることを考慮すると、共謀共同正犯を肯定しつついかにその成立範囲を限定するかが重要であろう。

3）判例「練馬事件」（最大判昭33.5.28）（傷害致死被告事件）

①事実

被告人Xは某団体の軍事組織の地区委員長であったが、Yと練馬警察巡査Aの襲撃を謀議し、Yが具体的実行を指導することとした。その後、Yの

指導のもとでZ外数名がAを襲撃して傷害を加えまもなく現場で死亡するに至らしめた。第1審は、Xら現場に赴かなかった者を含めて全員に傷害致死の共同正犯を認め、第2審もこれを支持し控訴を棄却した。そこで、被告側が上告した。

②判旨（上告棄却）

「共謀共同正犯が成立するには、2人以上の者が、特定の犯罪を行うため、共同意思の下に一体となって互いに他人の行為を利用し、各自の意思を実行に移すことを内容とする謀議をなし、よって犯罪を実行した事実が認められなければならない。したがって、右のような関係において共謀に参加した事実が認められる以上、直接実行行為に関与しない者でも、他人の行為をいわば自己の手段として犯罪を行ったという意味において、その間刑責の成立に差異を生ずると解すべき理由はない。」

6．共犯と中止および離脱

共犯にも中止犯の規定43条但書が適用される。共犯も自己の実行行為およびこれによって生じた結果について責任を問われるものであるから、その実行をやめ、または結果の発生を防止したときには、中止犯の規定を正犯に準じて適用するのが妥当である。したがって、教唆・幇助を撤回してその影響を消滅させたときは、中止による免除を認めるべきである。

正犯が実行に着手した後は、教唆・幇助は可罰的となるが、正犯の行為は教唆者・幇助者から見れば、因果関係の進行過程であり、積極的にその進行を防止しない限り中止犯とはならない。防止行為は、物理的な方法によっても、説得という方法によっても可能である。ただ、共犯の単なる離脱と中止とは区別して論じなければならない。離脱の場合は、自己の行為の影響を消滅させない場合だからである。

(1) 実行着手前の離脱

例えば、正犯Bが実行に着手する前に、その教唆をしたAが犯罪をやめるように説得したが、Bは承知せずに実行した場合、Aはその教唆から生じる結果を防止できなかったとすると中止犯の適用はない。しかし、Aの教唆の効果は消滅したが、それにもかかわらずBはあらためて、自己の意思でその犯罪を行うことを決意し実行した場合、もはやAの教唆とBの実行との間に因果関係はないから、Aは教唆としての罪責を問われることはない。

(2) 実行着手後の離脱

例えば、XがYを教唆し、Yが実行に着手した後、あるいはX・Yが共同して実行に着手した後、Xが離脱した場合を考えてみよう。

単なる離脱であれば、XはYのその後の行為についても責任を負う。自己の行為の効果を消滅させていないからである。

一方、Xの説得によって、Yがいったん行為を中止した後、あらためてYの意思によって行為を続けたときは、Xはすでに行った行為については中止犯であり、後に行われたYの行為については責任を負わない。これらの場合、Xの行為はYの実行行為に対して因果関係がないから責任を負わないのである。

(3) 判例

1) 実行着手前の離脱 (福岡高判昭28.1.12)（強盗教唆被告事件）

①事実

AはB、C、DとX方に侵入し強盗をすることを共謀した。午後11時頃匕首（あいくち）を持ってX方の屋内をうかがったが、時間が早いように思ったので、近くで時間を過ごしていた。そのうち、Aは強盗することの非を悟り、立ち去った。B、C、DはAが離脱したことを知ったが、残余の共謀者のみで犯行を遂行することを謀り、約2時間後にX方に入って強盗した。

②判旨（原判決中被告人関係部分を破棄）

「かかる場合、右離脱者は当初の共謀による強盗の予備の責任（237条）を負うに止まり、その後の強盗につき共同正犯の責任を負うべきものではな

い。けだし、一旦強盗を共謀した者といえども、該強盗に着手前、他の共謀者に対してこれより離脱する旨を表意し該共謀関係から離脱した以上、たとい、後日他の共謀者において該犯行を遂行しても、それは該離脱者の共謀による犯意を遂行したものということはできないし、しかも右離脱の表示は必ずしも明示的に出るの要がなく、黙示的の表意によるも何ら妨害となるものではない。」

2）実行着手後の離脱（最判昭24.12.17）（強盗被告事件）

①事実

被告人甲は、相被告人乙と共謀のうえ、午後10時頃A宅に侵入した。AおよびAの妻子が寝ていた部屋において、甲は手にジャックナイフを持って、乙は刺身包丁をAにつきつけて脅迫し、「あり金をみな出せ」と要求した。Aの妻が900円を甲に差し出したところ、甲は「自分はそんな金はいらん。俺も困って入ったのだから、お前の家も金がないのならば、そのような金は取らん。お前はこの金が取られたと思って子供の着物か何かを買ってやれ」といい、乙に「帰ろう」といって1人で表へ出た。その後3分くらいして乙が出てきたので、一緒に帰りかけたが、しばらくして乙が「お前は仏心があるからいかん。900円は俺がもらってきた。それではタカリはできない」といったので、乙がお金を奪ってきたことを知った。結局、2人でその900円を遊興費に使った。

原審は甲に強盗既遂で有罪としたため、甲の弁護人が中止犯の成立を認めて刑を減軽するように求めて上告した。

②判旨（上告棄却）

「被告人がAの妻の差し出した現金900円を受取ることを断念して同人方を立ち去った事情が所論の通りであるとしても、被告人において、その共謀者たる1審相被告人乙が判示のごとく右金員を強取することを阻止せず放任した以上、所論のように、被告人のみを中止犯として論ずることはできないのであって、被告人としても右乙によって遂行せられた本件強盗既遂の罪責を免れることを得ないのである。」

択一問題（第14回）

次のアからオまでの記述のうち、誤っているものの記号を１つ記せ。

ア．限縮的正犯概念では、他人を介することなく、自分の手によって直接構成要件的行為を行った者だけが正犯であり、教唆・幇助は犯罪拡張事由であると解する立場である。

イ．極端従属性説では、共犯は正犯が構成要件に該当する違法な行為を行うことが必要であり、かつそれで足りるとする立場である。

ウ．共犯は正犯と同じ罪名であるべきであるとするのが、犯罪共同説の立場であり、共犯の罪名は正犯の罪名と違ったものでもよいと解するのが行為共同説の立場である。

エ．医師Aが毒薬であることを秘して、看護師Bに命じて患者Cに注射させてCを死亡させた場合、Bには業務上過失致死罪が成立し、Aには殺人罪の間接正犯が成立する。

オ．共同加功の意思と共同加功の事実があれば、共同正犯の各自は、自己の行為の結果だけでなく、他の共同正犯者の行為の結果に対しても責任を負う。したがって、AとBとがXを殺そうという共同の意思で、各自Xに向かってピストルを発射し、Aの弾丸が当たってXは死んだが、Bの弾丸が当たらなかった場合でも、Bには殺人既遂の共同正犯が成立する。

参 考 文 献

[法学一般]

五十嵐清『法学入門』（一粒社、1991年）

R.イェーリング著、小林孝輔・広沢民生訳『権利のための闘争』（日本評論社、1983年）

倉沢康一郎『プレップ法と法学』（弘文堂、2003年）

斎藤信宰『法学入門』（成文堂、2006年）

笹倉秀夫『法解釈講義』（東京大学出版会、2009年）

佐藤幸治・鈴木重嗣・田中成明・前田達明『法学入門（第3版）』（有斐閣、2006年）

目崎哲久・國友順市編著『新・レッスン法学』（嵯峨野書院、2008年）

末川博編『法学入門（第5版補訂2版）』（有斐閣、2005年）

森泉章『法学第4版』（有斐閣、2006年）

山川一陽・船山泰範編著『新法学入門』（弘文堂、2004年）

[憲法関係]

芦部信喜（高橋和之補訂）『憲法第4版』（岩波書店、2007年）

大沢秀介『はじめての憲法』（成文堂、2005年）

清宮四郎『憲法I（新版）』（有斐閣、1972年）

小嶋和司・大石眞『憲法概観（第6版）』（有斐閣双書、2002年）

小林孝輔・芹沢斉編『基本法コンメンタール（憲法）第5版』（日本評論社、2006年）

佐藤幸治『憲法（第3版）』（青林書院、2004年）

杉原泰雄・山内敏弘他編『新版体系憲法事典』（青林書院、2008年）

高橋和之・長谷部恭男・石川健治編『憲法判例百選I（第5版）』（有斐閣、2007年）

高橋和之・長谷部恭男・石川健治編『憲法判例百選II（第5版）』（有斐閣、2007年）

宮沢俊義『憲法II（新版）』（有斐閣、1979年）

宮沢俊義編『世界憲法集』（岩波書店、1976年）

宮沢俊義・末延三次・高木八尺編『人権宣言集』（岩波書店、1957年）

[民法関係]

内田貫『民法I（第3版）総則・物権総論』（東京大学出版会、2006年）

同　『民法II（第2版）債権各論』（東京大学出版会、2007年）

同　『民法III（第3版）債権総論・担保物権』（東京大学出版会、2006年）

同　『民法IV（補訂版）親族・相続』（東京大学出版会、2006年）

中田裕康・潮見佳男・道垣内弘人編『民法判例百選I総則・物権（第6版）』（有斐閣、2009年）

中田裕康・潮見佳男・道垣内弘人編『民法判例百選Ⅱ債権（第6版）』（有斐閣、2009年）
山田卓生・河内宏・安永正昭・松久三四彦Ｓシリーズ『民法Ⅰ総則』（有斐閣、2005年）
淡路剛久・鎌田薫・原田純孝・生熊長幸Ｓシリーズ『民法Ⅱ物権』（有斐閣、2005年）
野村豊弘・粟田哲男・池田真朗・永田眞三郎Ｓシリーズ『民法Ⅲ債権総論（第3版）』（有斐閣、2005年）
藤岡康宏・磯村保・浦川道太郎・松本恒雄Ｓシリーズ『民法Ⅳ債権各論（第3版）』（有斐閣、2005年）
佐藤義彦・伊藤昌司・右近健男Ｓシリーズ『民法Ⅴ親族・相続（第3版）』（有斐閣、2005年）
四宮和夫『民法総則第3版』（弘文堂、1982年）
久貴忠彦・米倉明『家族法判例百選（第5版）』（有斐閣、1995年）
中田裕康『債権総論』（岩波書店、2008年）
平井宜雄『債権総論第二版』（弘文堂、1994年）
星野英一『民法概論Ⅱ物権』（良書普及会、1975年）
　　同　　　『民法概論Ⅲ（債権総論）』（良書普及会、1978年）
星野英一・平井宜雄編『民法判例百選Ⅰ総則・物権』（有斐閣、1982年）
星野英一・平井宜雄編『民法判例百選Ⅱ債権』（有斐閣、1975年）
星野英一・平井宜雄編『民法判例百選Ⅱ債権（第3版）』（有斐閣、、1989年）
米倉明『プレップ民法（第4版）』（弘文堂、2006年）
我妻栄『新訂民法総則』（岩波書店、1973年）
　　同　　　『新訂債権総論』（岩波書店、1973年）
我妻栄・有泉亨・清水誠・田山輝明『コンメンタール民法（第2版）』（日本評論社、2008年）

[刑法関係]
大塚仁『刑法概論（総論）』（有斐閣、2008年）
　　同　　『刑法入門』（有斐閣、2006年）
団藤重光『刑法綱要総論（改訂版）』（創文社、1979年）
西田典之『刑法総論』（弘文堂、2006年）
西田典之・山口厚・佐伯仁志『判例刑法総論第4版』（有斐閣、2006年）
西田典之・山口厚・佐伯仁志『刑法判例百選Ⅰ総論（第6版)』（有斐閣、2008年）
福田平・大塚仁『刑法総論Ⅰ』（有斐閣、1980年）
藤木英雄『刑法講義総論』（弘文堂、1976年）
前田雅英・松本晴夫・池田修也編『条解刑法』（弘文堂、2007年）
町野朔『プレップ刑法（第3版）』（弘文堂、2004年）
平野龍一『刑法総論Ⅰ』（有斐閣、1972年）
　　同　　　『刑法総論Ⅱ』（有斐閣、1975年）
平野龍一編『刑法判例百選Ⅰ総論』（有斐閣、1978年）

あ と が き

　憲法・民法・刑法の基本三法に的をしぼった法学入門書がここに一応完成した。条文数では、憲法典が103条、民法典が1044条、刑法典が264条から成る。それらの条文にもとづく法理論や論点の中で、これだけは初学者として理解しておいて欲しいと思われる項目だけを選別して解説を施した。上記三法については、法学研究の基礎となる分野と事項はほぼ網羅できたと心ひそかに自負している。取り上げた項目は精選したつもりであるが、選別が軽重をわきまえた初学者の理解にかなった妥当なものであるかどうかは読者の判断に委ねる他はない。願わくば、本書が、法律書を初めて手にする読者にとって、法学への興味と勉強意欲がわいてくる入門書とならんことを。そして、さらなる他の法領域への研究に進む原動力となるように切望している。

　最後に、本書が出版されるに当たり、出版を快諾して下さり種々の有益な助言を賜った大学教育出版の佐藤守社長並びに校正・意匠等について一方ならぬご尽力を頂いた大学教育出版のスタッフの方々にこの紙面を借りて心より御礼を申し上げたい。

　本書の読者が、法学を勉強して良かったと思える日のあることを希望しつつ。

平成22年　早春

著　者

■著者略歴

中西　俊二（なかにし　しゅんじ）

岡山市に生まれる
1972年　東京大学文学部哲学専修課程卒業
1976年　中央大学法学部法律学科卒業（学士入学）
1981年　早稲田大学大学院法学研究科博士課程前期単位取得
　　　　満期退学
1997年　岡山大学大学院法学研究科修士課程修了
2003年　岡山大学大学院文化科学研究科博士課程単位取得満
　　　　期退学
2006年3月　学位取得　博士（法学）（岡山大学）
2008年　岡山理科大学工学部准教授
2012年　岡山理科大学工学部教授

主な著書
『詐害行為取消権の法理』（信山社、2011年）
『テキスト日本国憲法』（大学教育出版、2009年）
『詐害行為取消権論』（雄松堂出版、2009年）
『オンリーワンを求めて②』（共著）（近代科学社、2008年）

テキスト 法 学［第4版］

2010年4月10日　初版第1刷発行
2013年4月10日　第2版第1刷発行
2015年4月10日　第3版第1刷発行
2018年4月10日　第4版第1刷発行

■著　者──中西俊二
■発　行　者──佐藤　守
■発　行　所──株式会社 大学教育出版
　　　　　　〒700-0953　岡山市南区西市855-4
　　　　　　電話 (086) 244-1268(代)　FAX (086) 246-0294
■Ｄ Ｔ Ｐ──難波田見子
■印刷製本──モリモト印刷(株)

© Shunji Nakanishi 2015, Printed in Japan
検印省略　　落丁・乱丁本はお取り替えいたします。
無断で本書の一部または全部を複写・複製することは禁じられています。

ISBN978-4-86429-517-8

択一問題（第1回）

次の記述のうち、誤っているものの記号を1つ記せ。

ア．法解釈の最大の使命は、法的安定性と具体的妥当性の両立・調和を図ることである。
イ．モンストルム（鬼子）の法理は、ローマ法における具体的妥当性を追求したものである。
ウ．法文上「推定する」と規定してある条文は、反証を挙げて証明して事実の擬制を覆すことができるが、「みなす」と規定してある条文は、反証を挙げて証明しても、その事実を覆すことができない。
エ．過失往来危険罪において、「ガソリンカー」も汽車にあたるとして処罰した判例は、罪刑法定主義の類推解釈の禁止に反し許されない。
オ．「電気窃盗事件」において、電気は管理可能性を有し、「他人ノ財物」にあたると解した判例は、窃盗罪の規定を目的論的に解釈したものである。

［解　答］

学生番号　　　　　　　　　氏　名

択一問題（第2回）

次の記述のうち、誤っているものの記号を1つ記せ。

ア．個人尊重の原理に基づく幸福追求権は、憲法に列挙されていない新しい人権の根拠となる一般的包括的な権利であり、この幸福追求権によって基礎付けられる個々の権利は、裁判上の救済を受けることができる具体的権利であると解されるようになり、判例も具体的権利性を認めている。
イ．「宴のあと」事件では、初めてプライバシー侵害を根拠に原告は損害賠償を請求し、東京地裁は原告の請求を認容した。
ウ．「京都府学連事件」では、憲法13条にもとづく肖像権が認められ、被告は公務執行妨害罪等には問われず無罪となった。
エ．「北方ジャーナル事件」では、最高裁は名誉権にもとづく侵害行為の差止めを認めた。
オ．「大阪国際空港事件」では、原告は人格権と環境権とにもとづき、空港供用の時間制限と過去および将来の損害賠償を求めたが、最高裁は環境権に触れることなく、過去の損害賠償のみを認めた。

[解　答]

学生番号　　　　　　　　　氏　名

択一問題（第3回）

次の記述のうち、誤っているものの記号を1つ記せ。

ア．精神的自由を規制する立法の違憲審査基準では、精神的自由の人権のカタログにおける優越的地位にかんがみ、厳格な審査基準である「必要最小限の原則」が適用される。

イ．経済的自由の規制立法については、「合理性の基準」が適用され、特に積極目的の場合は、国会に広い裁量権が認められる。

ウ．民法900条4項但書の嫡出性の有無による法定相続分の差別が問題になった事件では、最高裁は、当該規定は法律婚と非嫡出子の保護の調整を図ったものと解して合憲と判示していたが、平成25年9月4日大法廷決定により違憲と判例変更した。

エ．議員定数と選挙の平等が問題になった事件では、最高裁は、本件選挙は憲法の選挙権の平等の要求に違反し違憲であるとしたが、「事情判決」により違法と判示するにとどめ、選挙自体は無効とはしなかった。

オ．「尊属殺人事件」では、最高裁は、尊属殺人規定を設けること自体が違憲であると判示した。

［解　答］

学生番号　　　　　　　　　氏　名

択一問題（第4回）

次の記述のうち、<u>誤っているもの</u>の記号を1つ記せ。

ア．最高裁は、謝罪広告を新聞紙上に掲載することを命じる判決は、単に事態の真相を告白し陳謝の意を表明するにとどまり、違憲ではないと判示した。

イ．「三菱樹脂事件」判決で最高裁は、私人間の法律関係には憲法規定は直接適用されず、民法1条、90条や不法行為に関する規定等の運用により、間接的に憲法の規定の趣旨が適用されると述べた。

ウ．「君が代」伴奏命令に関する訴訟では、最高裁と地裁とでは異なった判決が出されており、最高裁は音楽教諭の「君が代」伴奏は、入学式等においては通常想定され、特定の思想強制や禁止ではなく、憲法19条には反しないと判示した。

エ．津地鎮祭事件判決で、最高裁はいわゆる目的効果基準を採り、津市の神官への謝礼等の支出は世俗的なものとは認められず、憲法20条3項に反すると述べた。

オ．愛媛県玉串料訴訟では、愛媛県の靖国神社および県護国神社への玉串料・供物料等の支出は、目的効果基準から判断すると、県と靖国神社等とのかかわり合いが相当な限度を超えており、憲法20条・89条に反し違法であると判示した。

[解　答]

学生番号＿＿＿＿＿＿＿＿　氏　名＿＿＿＿＿＿＿＿＿＿＿＿

> 択一問題（第5回）

次の記述のうち、誤っているものの記号を1つ記せ。

ア．表現の自由は、ほとんどすべての他の形式の自由の母体であり、国民主権の不可欠の条件である。
イ．大学の自治は学問の自由を担保するための制度的保障と考えられ、大学の教員は学問の自由を有するが、学生は学問の自由を有するわけではないと「ポポロ事件」判決で最高裁は述べた。
ウ．マスメディアの発達により、情報の「送り手」と「受け手」とが分離した今日、表現の自由は「知る権利」として再構成されなければならない。
エ．「博多駅事件」では、報道のための取材の自由も憲法21条の精神に照らし十分尊重に値すると最高裁は判示した。
オ．「新潟県公安条例事件」では、公衆の集団示威運動（デモ）につき、最高裁は「明白現在の危険」の基準を用い、当該公安条例は憲法の保障する国民の自由を不当に制限するものではないと判示した。

［解　答］

学生番号　　　　　　　　氏　名

択一問題（第6回）

次の記述のうち、誤っているものの記号を1つ記せ。

ア．ボワソナード草案による旧民法の考え方は、パンデクテン方式を採る現民法には何らの影響を与えていない。
イ．所有権絶対の原則から、自己の土地上空を通過する飛行機や地下を走行する地下鉄に進路変更や損害賠償を求めることは、権利の濫用であって容認できない。
ウ．私法関係においては、自力救済は原則として認められない。
エ．製造物責任や報償責任は、過失責任の原則に対する修正であり、被害者保護の観点から無過失責任を認めるものである。
オ．「宇奈月温泉事件」では、大審院は原告の所有権にもとづく妨害排除請求に対して、権利濫用の法理により、訴えを退けた。

［解　答］

択一問題（第7回）

次の記述のうち、<u>誤っているもの</u>の記号を1つ記せ。

ア．物権は、その権利をすべての人に主張できる絶対性があるが、債権は、債務者に対してのみ、一定の行為を請求し得るだけである。

イ．物権では、同じ物の上に同じ内容の物権が2つ以上成立することは法律上できない（排他性）が、債権では、同じ債務者に対して同じ内容の債権が2つ以上成立することは法律上さしつかえない。

ウ．同じ物の上に同じ内容の物権と債権が存在するときは、物権が債権に優先する。その例が、「売買は賃貸借を破る」である。

エ．Aは土地所有者であるBからその土地を賃貸借により借地権を取得し、自己の建物を所有している。ところが、近所のCがある日勝手に不燃物を大量にその土地に投棄してAに嫌がらせを始めた。Bは、自己の所有権にもとづいて不法に投棄された大量の不燃物を排除することをCに請求できるが、借地権にもとづく土地の占有者にすぎないAは、占有権にもとづいては、Cに対してその不法投棄された大量の不燃物をその土地から排除するように請求することはできない。

オ．物権は、その絶対性と排他性から法律の定めたものと異なる種類の物権を作り出すことはできないが、債権は私的自治の原則が妥当し、法律とは異なる債権債務関係を生じさせることも可能である。

［解 答］

択一問題（第8回）

次のアからオまでの記述のうち誤っているものの記号を記せ。

ア．債権の発生原因としては、契約、事務管理、不当利得、不法行為が挙げられ、契約こそ債権の発生を本来の目的とする制度である。
イ．債権の対外的効力として、債権者代位権と詐害行為取消権があり、どちらも債務者の責任財産の保全を目的とする制度である。
ウ．土地の買主が移転登記請求権を保全するため、第三者に対して売主の有する登記請求権を代位行使する場合は、債権者代位権の転用であって、債務者の無資力を要件としない。
エ．詐害行為取消権の行使において、取消の目的物が金銭あるいは動産の場合には、取消債権者は直接自己に引き渡すことを請求できる。
オ．詐害行為取消権の行使において、取消の目的物が不動産の場合、取消債権者がその不動産について引渡請求権を有する場合には、直接自己に対して移転登記を請求することができる。

［解　答］

学生番号　　　　　　　　　氏　名

択一問題（第9回）

次の記述のうち、<u>誤っているもの</u>の記号を1つ記せ。

ア．未成年者が法律行為を行うには、法定代理人の同意を要するが、親権者たる母親が与えた小遣いで、10歳の子どもがケーキを買った場合、この売買契約を取り消すことはできない。

イ．成年被後見人は、後見人の同意を得れば、単独で有効な法律行為を行うことができる。

ウ．近くに新駅ができると聞いて時価より高く土地を買ったところ、新駅は開設されなかった場合、動機の錯誤であり、原則として錯誤による無効の主張はできない。

エ．Aは、その債権者からの執行を免れるため、所有の土地について、Bと相図って仮装の売買をし登記名義をBに移した。Bは自己に登記のあることを幸いに事情を知らないCに売却した。Aは通謀虚偽表示を理由に、Cに該土地の返還を請求できない。

オ．AはBの強迫により自らの土地をBに売却し、Bはこれをさらに善意のCに登記を移転した。AはAB間の契約を取消すとともに、Cに登記の抹消を請求することができる。

[解　答]

学生番号　　　　　　　　　氏　名

択一問題(第10回)

次のアからオまでの記述のうち誤っているものの記号を記せ。

ア．女に待婚期間を設けているのは、子どもに父性の推定が二重に及ぶのを回避する趣旨である。
イ．夫婦間でした契約は、いつでも取り消すことができるが、第三者の権利を害することはできない。
ウ．婚姻の取消は、他の法律行為と異なって、遡及せず将来に向かってその効力を失う。
エ．たとえ婚姻が破綻していても、有責配偶者からの離婚請求は認めないのが最高裁の判例の立場である。
オ．被相続人の兄弟姉妹には、遺留分はない。

［解　答］

択一問題（第11回）

次のアからオまでの記述のうち、<u>誤っているもの</u>の記号を1つ記せ。

ア．「近代刑法学の祖」とされるフォイエルバッハは、心理強制説とともに、罪刑法定主義を主張した。

イ．旧派は、刑罰の目的を特別予防と解し、応報刑と道義的責任を主張したが、新派は、刑罰の目的を一般予防と解し、改善刑と社会的責任を唱えた。

ウ．罪刑法定主義の内容として、刑法の不遡及があるが、犯罪後に刑の変更があり、以前より軽い刑を遡及して適用する場合は、罪刑法定主義の精神に反しない。

エ．限時法について動機説に立てば、刑の廃止後その行為の可罰性に関する法律見解の変更による場合は不可罰だが、単に事実関係の変化によるものは、可罰性は失われないことになる。

オ．犯罪とは、構成要件に該当する違法かつ有責な行為であり、構成要件に該当すれば違法性が推定され、具体的に正当防衛等の違法性阻却事由および責任能力等の責任阻却事由の不存在が確定されて初めて、犯罪の成立が肯定される。

［解　答］

学生番号　　　　　　　　　　氏　名

択一問題（第12回）

次のアからオまでの記述のうち、誤っているものの記号を１つ記せ。

ア．不作為犯には、真正不作為犯と不真正不作為犯がある。後者は、法の規定が作為を予定している場合に、その犯罪が不作為によりなされる場合である。

イ．不真正不作為犯が成立するためには、不作為の行為者に作為義務と作為可能性がなければならない。

ウ．正当防衛は、正対不正の関係であるので、逃げようと思えば逃げられる場合でも侵害者に対して立ち向かって防衛行為をすることができるが、緊急避難は正対正の関係であり、避難行為に補充の原則が適用され、他に採るべき避難行為がないことが原則的に要求される。

エ．最高裁は、喧嘩は共に闘争を行う場合なのでおよそ正当防衛の観念を入れる余地はないと判示している。

オ．自招危難の場合も、緊急避難が成立する余地があるが、危難が生じるについて自分に原因があれば、過失の責任を問われる可能性がある。

［解　答］

択一問題（第13回）

次のアからオまでの記述のうち、誤っているものの記号を1つ記せ。

ア．過剰防衛が成立するためには、防衛行為の過剰性を基礎付ける事実の認識がなければならない。

イ．構成要件に該当する行為は違法性が推定され、その後具体的に違法性阻却事由および責任阻却事由の有無を判断して、犯罪の成否を決定するという判断過程を採るのが構成要件理論の帰結である。

ウ．誤想過剰防衛にも刑法36条2項の刑の減軽・免除の規定が適用されるとするのが最高裁の見解である。

エ．XがAを殺害しようとしてピストルを発射したところ、Aの服の袖をかすめAの背後にいたBに命中し死亡させた場合、最高裁の立場に立てば、Aに対する殺人未遂罪とBに対する過失致死罪が成立する。

オ．他人の飼い犬を殺そうとして、誤ってその飼い主を殺した場合、抽象的符合説では、器物損壊罪の既遂と過失致死罪の観念的競合となる。

［解　答］

学生番号＿＿＿＿＿＿＿＿＿＿　氏　名＿＿＿＿＿＿＿＿＿＿＿＿

択一問題（第14回）

次のアからオまでの記述のうち、誤っているものの記号を1つ記せ。

ア．限縮的正犯概念では、他人を介することなく、自分の手によって直接構成要件的行為を行った者だけが正犯であり、教唆・幇助は犯罪拡張事由であると解する立場である。

イ．極端従属性説では、共犯は正犯が構成要件に該当する違法な行為を行うことが必要であり、かつそれで足りるとする立場である。

ウ．共犯は正犯と同じ罪名であるべきであるとするのが、犯罪共同説の立場であり、共犯の罪名は正犯の罪名と違ったものでもよいと解するのが行為共同説の立場である。

エ．医師Aが毒薬であることを秘して、看護師Bに命じて患者Cに注射させてCを死亡させた場合、Bには業務上過失致死罪が成立し、Aには殺人罪の間接正犯が成立する。

オ．共同加功の意思と共同加功の事実があれば、共同正犯の各自は、自己の行為の結果だけでなく、他の共同正犯者の行為の結果に対しても責任を負う。したがって、AとBとがXを殺そうという共同の意思で、各自Xに向かってピストルを発射し、Aの弾丸が当たってXは死んだが、Bの弾丸が当たらなかった場合でも、Bには殺人既遂の共同正犯が成立する。

［解　答］